AF362695

MÉMOIRE

SIGNIFIÉ,

POUR Louis-Alexandre Armand Géneau
de Mieurle ;

Marie-Josephe-Antoinette Géneau ;

Le Sieur du Wicquet de Rodlingen, pere & tuteur
du Sieur du Wicquet de Rodlingen son fils, &
de la Dame Leparc d'Herlen ;

Et Dame Avise, veuve du Sieur Mutinot
de la Maçonnerie, mere & tutrice de la Demoiselle Mutinot sa fille ; tous héritiers & repré-
sentans du Sieur Géneau de Formanoir, & de
Dame Catherine le Camus son épouse ;

Le Sieur Tutil de Guemy, & Demoiselle Tutil
de Guemy sa sœur, enfans & héritiers du Sieur
Adrien-Joseph Tutil de Guesny, & de la
Demoiselle de Latre ;

Le Sieur Jaquemin d'Haulieu, & Demoiselle
le Gressier son épouse, héritiers & représen-
tans du Sieur le Gressier, Défendeurs.

A

fu³ . 8365

(2)

CONTRE le Sieur PIERRE - ELISABETH DE FONTANIEU , Chevalier de l'Ordre Royal & Militaire de S. Louis , Intendant & Controlleur Général des Meubles de la Couronne , Demandeur en caſſation de trois Arréts du Parlement de Paris , des 13 Mars 1621 , 7 Août 1745 , & 6 Septembre 1763.

LA queſtion de mouvance, dont le ſieur de Fontanieu cherche à éternifer la difcuſſion , n'eſt , à vrai dire , qu'un ſimple combat de recettes.

Le Comté de Boulogne , divifé originairement en huit diſtricts défendus & commandés par autant de Châteaux , le fut enſuite en huit Bailliages. Les Baillis , à l'inſtar des Capitaines , furent chargés de l'adminiſtration civile & de l'économique qui embraſſoit la perception des revenus , & n'eurent de moins que les premiers , que le commandement des armes , qui avoit été féparé de l'exercice de la Juſtice.

Chaque Bailliage eut un Terrier qui contenoit la defcription des Fiefs , Terres & héritages fitués dans ſon enclave ; & une raiſon de convenance fit indiquer le Siege du Bailliage , pour y faire les devoirs & y acquitter les droits. La Seigneurie , aujourd'hui Marquiſat de Fiennes , s'étant trouvée , pour la majeure partie , dans l'enclave du Bailliage de Wiſſant , les profits cafuels qui peuvent y échoir pour le Roi , tomboient naturellement dans cette

recette , & ils y ont été en effet attribués. De forte
que des parties du Comté ayant été affermées ou
engagées féparément , on s'eft reglé par la divifion
des Bailliages ; & le Fermier , ainfi que l'Engagifte ,
n'a pu prendre d'autre regle pour reconnoître l'é-
tendue de fes recouvremens.

Depuis que le Domaine de Wiffant eft engagé ,
la Terre de Fiennes a été vendue trois fois ; &
chaque fois l'Engagifte de Wiffant ou fon Fermier ,
ont établi , par des titres inconteftables , l'affiette
de la plus grande partie de cette Terre dans l'enclave de Wiffant ; ce qui étoit en effet tout ce qu'ils
avoient à prouver , pour fonder la demande des
droits feigneuriaux , que trois Arrêts du Parlement
de Paris leur ont fucceffivement adjugée.

Le fieur de Fontanieu , qui ne peut fe réfoudre
à payer ces droits qu'il doit pour la derniere des
trois mutations , a fenti que ce ne feroit pas fous
l'afpect d'une queftion auffi fimple qu'il entraîne-
roit le Confeil à anéantir trois Arrêts rendus après
trente ans de conteftation , & dans la plus grande
connoiffance de caufe. Pour exciter & pour allar-
mer le zèle du Confeil , il lui a préfenté des grandes
queftions féodales qui n'exiftent pas dans l'Inftance:
un Fief de dignité enlevé à la mouvance directe du
Roi ; les maximes de notre Droit public renverfées;
les difpofitions de la Coutume violées ; une chaîne
de titres de plufieurs fiecles foulée aux pieds, au
mépris des droits du patrimoine facré de la Couronne qu'ils établiffent ; enfin l'atteinte portée aux

privileges des Maîtres des Requêtes, *fans compter*
une multitude d'autres contraventions que renfer-
moient les Arrêts. L'expofition des faits va dépouiller la conteftation de ces faftueufes propofitions qui
lui font abfolument étrangeres, & la ramener à ce
point fimple, de fçavoir fi le Marquifat de Fiennes
releve du Comté de Boulogne par le Bailliage de
Wiffant, & fi c'eft à la recette de ce Bailliage que
les droits feigneuriaux appartiennent plutôt qu'à
celle du Domaine de Boulogne?

F A I T.

Le Comté de Boulogne, qui relevoit originairement du Comté d'Artois, fut diftrait de cette mouvance en l'année 1478, par le Roi Louis XI, qui
l'avoit repris de Marie de Bourgogne, pour le
rendre à Bertrand d'Auvergne fur lequel il avoit été
ufurpé, & duquel le Roi l'avoit enfuite acquis par
échange avec le Comté de Lauraguais. Il fut pris
par les Anglois en 1544, & rendu en 1550 au Roi
Henri II, qui l'avoit prefque reconquis.

A l'une & à l'autre époque de la réunion de ce
Comté à la Couronne, il fe trouvoit divifé, comme
aujourd'hui, en huit Bailliages, qui font Boulogne,
Outreau, Wiffant, Londefort, Defurennes, Etaples,
Choquel & Bellefontaines. Auffitôt que le Roi
Henri II l'eut retiré des mains des Anglois, il nom-
ma par fes Lettres Patentes du 29 Mai 1550, des
Commiffaires chargés de fe tranfporter en chacun

des huit Bailliages pour s'y faire repréfenter les anciens Terriers des Fiefs, Terres & héritages dépendans du Comté, & faire *en chacun de ces Bailliages* un nouveau Terrier de tous les droits & revenus, & de tout ce qui *apparoîtra être du Domaine de notredit Comté, & être tenu d'icelui* : ce font les termes des Lettres Patentes.

Le Roi Henri IV ayant ordonné, par fes Lettres Patentes du 2 Mai 1594, l'aliénation à faculté de rachat, de deux cents mille écus de fon Domaine, pour fournir aux frais de la guerre, le Bailliage de Wiffant fut donné à engagement au fieur de Campagno, fous la dénomination de *Terre & Seigneurie de Wiffant, en quoi & comment qu'elle fe puiffe comporter, confifter & étendre, fituée & affife audit pays de Boulenois, pour en jouir, ufer & poffédér par ledit fieur de Campagno, acquéreur, fes hoirs, command & ayant caufe, en tous fruits, profits, revenus & émolumens, Juftice, Seigneurie & autres droits y afférans & appartenans, & tout ainfi qu'en jouiffoit Sadite Majefté paravant ladite adjudication & vendition.*

Au commencement du fiecle fuivant, il s'éleva une conteftation entre cet engagifte & M. de Vic, Confeiller d'Etat, Acquéreur de la Terre de Fiennes. Celui-ci ayant refufé de payer à l'engagifte les lods & ventes de fon acquifition, l'autre fit faifir féodalement la Terre de Fiennes, fur ce fondement qu'elle relevoit du Roi par le Domaine de Wiffant dans lequel il étoit mis au lieu & place de Sa Majefté, quant à la perception des émoluments. L'Acquéreur contefta avec chaleur, jufqu'à attaquer par la voye de l'infcription de faux quelques-uns des titres que produifoit le fieur de Campagno : ce qui n'empêcha pas que par un Arrêt du Parlement de Paris du 13 Mars 1621 , la Châtellenie de Fiennes ne fût déclarée mouvante du Roi *à caufe du Domaine de Wiffant* , M. de Vic condamné à en faire la foi & hommage & à payer à l'engagifte les droits Seigneuriaux dûs.

En 1643 le Seigneur de Fiennes obtint l'érection de cette Terre en Marquifat : les lettres ne contiennent aucune diftraction de mouvance ; ainfi les chofes refterent, à cet égard, dans l'état dans lequel elles étoient auparavant.

En 1709, le Comte de Valençay , engagifte de Wiffant , céda & délaiffa à la Comteffe de Valançay fon époufe, ce même Domaine de Wiffant & le Marquifat de Fiennes , en déduction de fes reprifes. Ce délaiffement ayant donné ouverture à des droits Seigneuriaux, le fieur le Greffier , Fermier du Domaine engagé de Wiffant , & fondé par fon bail au recouvrement des droits cafuels, à fon profit , demanda à la Comteffe de Valençay les lods & ventes pour la Terre de Fiennes ; il rapporta des titres pour juftifier qu'elle étoit dans la mouvance de Wiffant & fe fonda fur l'autorité de la chofe jugée en 1621.

Sur le bruit de cette inftance , les fieurs Ternaux & Wian , anciens Fermiers du Domaine de la Généralité de Picardie, qui comprend le Boulenois, fe prefenterent pour demander ces droits, qu'ils prétendirent leur être dûs, attendu, difoient-ils, que la Terre de Fiennes étoit dans la mouvance de la *Sénéchauffée de Boulogne*.

Cette conteftation duroit encore lorfqu'en 1730, la Comteffe de Valençay vendit à feu M. de Fontanieu & à la dame fon époufe, le Marquifat de Fiennes & l'engagement de Wiffant. Le fieur Geneau de Formanoir étoit à cette époque, Fermier du Domaine engagé de Wiffant : fon bail comprenoit expreffément les droits Seigneuriaux ; il devoit durer encore plufieurs années ; & par une des claufes du contrat de vente, l'Acquéreur s'étoit obligé à l'entretenir. Quelles que puiffent être les allégations contraires, il eft certain que le fieur Geneau demanda les droits que faifoit naître à fon profit l'aliénation du Marquifat de Fiennes , & que feu M. de Fontanieu l'invita à attendre le fort de la conteftation pendante au Parlement de Paris, entre la Dame de Valençay & les Fermiers refpectifs du Domaine de Boulogne & de celui de Wiffant , dont l'événement détermineroit la mouvance contentieufe, & ferviroit de regle pour favoir s'il étoit dû des droits au Domaine de Wiffant pour les mutations de la Terre de Fiennes. Le fieur Geneau par égard pour M. de Fontanieu , confentit à différer fes pourfuites jufqu'après la décifion du Procès engagé entre les Fermiers refpectifs, dont il devoit après tout fubir la deftinée.

Cependant M. de Fontanieu ne négligea rien pour faire triompher le Fermier du Domaine de Boulogne: il ſe fit recevoir Partie intervenante dans l'inſtance & parvint à y faire intervenir M. le Procureur Général: ſon prétexte étoit le motif de conſerver ſa Seigneurie de Fiennes dans la mouvance nue de Sa Majeſté; & ſon intérêt étoit fondé ſur l'eſpoir de s'affranchir du payement des droits de mutation, par ſon privilege de Maître des Requêtes.

L'intervention du Procureur Général ſe termina à des concluſions par leſquelles il déclaroit s'en rapporter à la prudence de la Cour, ſauf la réſerve de ſe pourvoir *en cas qu'il ſe trouvât dans la ſuite quelques titres pour juſtifier que l'engagement du Bailliage de Wiſſant fait en 1595, ne devoit pas comprendre les droits de mutation, ou que les Bailliages ſubordonnés au Comté & Sénéchauſſée de Boulogne n'ont point de mouvances particulieres diſtinctes & ſéparées des vaſſaux & mouvances du Comté de Boulogne.*

Ces concluſions faiſoient aſſez voir que de l'aveu du Miniſtere public devenu partie, la dame de Valençay, ni le Fermier du Domaine de Boulogne n'avoient aucun titre pour combattre la demande de l'Engagiſte de Wiſſant repréſenté par ſon Fermier; & elles juſtifient d'avance l'Arrêt du 7 Août 1745, qui condamna la dame de Valençay à payer aux héritiers du feu ſieur le Greffier les droits de ſon acquiſition de la Terre de Fiennes, pour les parties qui relevoient du Domaine de Wiſſant, ordonna à cet effet

effet une ventilation devant le Sénéchal de Boulogne, mit les Parties hors de cour fur le furplus de leurs demandes, & accorda au Procureur Général la réferve de fe pourvoir, à laquelle il avoit conclu.

Les héritiers du fieur le Greffier pourfuivirent la ventilation ; & ceux du fieur Geneau de Formanoir, formerent leur demande contre MM. de Fontanieu, pere & fils, qui n'avoient plus de prétexte pour l'éluder après ce qui venoit d'être prononcé au fujet de la mouvance de Fiennes. Mais MM. de Fontanieu qui ne vouloient pas fe rendre encore, firent ufage de la réferve *de fe pourvoir*, accordée à M. le Procureur Général. Ils engagèrent ce Magiftrat à préfenter le 26 Février 1749 une requête par là quelle il demanda à être reçu oppofant aux Arrêts des 12 Mars 1621, & 7 Août 1745, en ce qu'ils paroiffoient avoir jugé que la Terre de Fiennes étoit de la mouvance immédiate de Wiffant, & que les droits de mutation appartenoient à l'engagifte ou à fon Fermier : il concluoit enfuite à ce qu'en » faifant droit fur fon oppofition, il fût déclaré » contre les poffeffeurs de la Terre de Fiennes & du » Domaine de Wiffant, que le Marquifat de Fiennes, » avec fes dépendances, relevoit nuement & im- » médiatement du Roi, à caufe de fon Comté de » Boulogne, à l'exception des parties tenues du » Roi, à caufe du Comté de Guignes, & que » les droits de mutation appartenoient au Roi. «

M. le Procureur Général demanda enfuite, &

B

fit prononcer des défenses à la dame Comteffe de Valençay , de payer aux héritiers le Greffier les condamnations prononcées à leur profit par l'Arrêt de 1745 , & à ces héritiers de faire aucunes pourfuites, jufqu'à ce qu'il en eût autrement été ordonné.

Les fieur & dame de Fontanieu affignés à la Requête du Procureur Général, adhérerent, comme on peut bien croire , aux conclufions de ce Magiftrat. Le Fermier actuel du Domaine de Boulogne parut fur la fcene pour demander la reftitution à fon profit des droits de la mutation de 1709, que la Comteffe de Valençay pouvoit avoir payés à l'engagifte de Wiffant en exécution de l'Arrêt de 1745.

De leur côté , les héritiers Geneau, à la vue de cette oppofition qui tendoit à faire renverfer la mouvance du Bailliage de Wuiffant, décidée par les deux Arrêts, & fource des droits qu'ils reclamoient, demanderent à être reçus parties intervenantes, comme étant principalement intéreffés à foutenir cette mouvance attaquée par M. le Procureur Général. Les héritiers le Greffier qui avoient le même intérêt , fuivirent cette route ; les uns & les autres fe réunirent contre MM. de Fontanieu , qui étoient à vrai dire leurs feuls adverfaires fous les noms de différentes Parties ; & il s'engagea pour la troifiéme fois une conteftation férieufe & animée qui n'a été décidée qu'après quatorze années d'inftruction.

Les repréfentans de l'Engagifte de Wiffant , établirent d'abord la division du Comté de Boulogne en huit Bailliages indépendans l'un de l'autre , ayan chacun fon Receveur particulier qui percevoit les revenus échus dans fon diftrict, & en comptoit directement à la Chambre des Comptes : ils firent voir que ce genre de mouvance qui concentroit chaque Fief dans l'arrondiffement de la recette économique & non pas un dégré de féodalité, ne rompoit pas la relation immédiate de chaque vaffal au fuferain, ne faifoit pas dégénérer le fief én arriere - fief, parce qu'en effet les Bailliages par lefquels ces fief relevoient, n'étoit pas des vaffaux du fuzerain ; mais des membres de la fuferaineté ; & que relever par un de ces membres, c'étoit relever par le tout dont ils étoient une partie intégrante. C'étoit défaire en deux mots tout le fyftême des adverfaires, qui vouloient que la mouvance, par les Bailliages, dégradât le Fief de dignité, & le fit ceffer d'être dans la mouvance nue du Comté, dans la mouvance nue du Roi.

Dans le fait ils prouvoient que les Fiefs de dignité des même Terres titrées & reconnues pour relever nuement du Comté, relevoient néanmoins par les Baillages dans l'étendue defquels elles font fituées : ils le prouvoient d'abord, à l'égard des Fiefs de toute la Comté en général, & enfuite pour celui de Fiennes en particulier, dont ils juftifioient par pieces autentiques que l'hommage, relief & chambellage, & autres droits appartenoient *à la Baillie de Wuiffant* : ils le prouvoient par piéces tirées du Greffe de la Sénéchauffée de Boulogne, de la Chambre des Comptes, & par

celles même produites par M. le Procureur Général.

Ce Magiſtrat avoit reſtraint la réſerve de ſe
pourvoir, au cas où il ſe trouveroit dans la ſuite, des
titres pour juſtifier que les droits de mutation n'é-
toient pas compris dans l'engagement du Bailliage
de Wiſſant, ou que les Bailliages n'avoient point
de mouvances particulieres, diſtinctes & ſéparées
des Vaſſaux, & mouvances du Comté de Boulogne. La réſerve demandée & accordée dans ces
termes, établiſſoit toute ſeule l'inutilité & l'in-
ſuffiſance des titres produits lors de l'Arrêt de 1745,
& elle l'établiſſoit d'accord avec les Parties ; il
falloit donc que M. le Procureur Général pro-
duisît des titres capables de donner une nouvelle
face à la queſtion, de prouver ce qu'on n'avoit pas
pas prouvé encore contre la mouvance des Bailliages. Au lieu de mettre ſous les yeux du Parlement des actes de cette nature, on luí préſenta des
pieces preſque toutes informes, des écritures domeſtiques, des cayers dreſſés pour ſervir de guide
aux Receveurs & Fermiers, des extraits faits ſur
des copies ſans ſignature, ſans date, ſans autre caractere de probabilité, que l'atteſtation privée des
Agens & Serviteurs des Seigneurs de Fiennes. Ce
n'étoit pas tout. Ces pieces en général rejettables,
ne prouvoient par elles-mêmes autre choſe ſinon
que Fiennes & quelques autres Fiefs dont il y eſt
fait mention, relevoient du Comté de Boulogne ;
ce qui étoit un point qu'on ne conteſtoit pas : il n'y

en avoit pas une qui fit voir dans la mouvance générale du Comté, une exclufion de la mouvance particuliere par les Bailliages ; il y en avoit même qui
préfentoient ces deux mouvances géminées, pour
ainfi dire, & comme n'ayant rien d'incompatible ;
telle étoit cette prifée faite lors de l'échange entre
le Roi Louis XI & le Comte d'Auvergne, où l'on
trouvoit l'énumération de ceux qui *tiennent les Ba-*
ronnies, Pairies & Fiefs du Comté de Boulogne,
tant à caufe de la Sénéchauffée qu'à caufe des Bail-
liages.... preuve inconteftable que pour tenir par
les Bailliages, on n'en tenoit pas moins par la Comté.
D'autres pieces prouvoient encore plus ; les unes
contenant des defcriptions des Bailliages en particulier, donnoient la lifte des Fiefs qui en relevent
comme affis dans leurs limites, d'où il falloit néceffairement déduire cette conféquence, que Fiennes
relevoit du Bailliage, ou, pour parler plus propre-
ment, par le Bailliage dans les limites duquel il fe
trouvoit fitué : d'autres contenoient une lifte des
Fiefs du Bailliage de Wiffant, & mettoient Fiennes
à la tête. Enfin toutes ces pieces dont le réfultat
commun préfentoit la compatibilité d'une mouvance
nue & générale du Comté, avec la mouvance par le
moyen des Bailliages, s'accordoient fans peine avec
les titres finguliers qui établiffoient les mouvances
particulieres des Bailliages, & fingulierement celle
de Wiffant fur la Seigneurie de Fiennes.

Les deux reffources que MM. de Fontanieu employoient en fupplément de ces titres, déceloient

affez qu'ils en reconnoiffoient la foibleffe ; mais ces reffources étoient plus foibles encore. La premiere étoit le privilege des Maîtres des Requêtes, en vertu duquel MM. de Fontanieu prétendoient être exempts de payer des droits feigneuriaux pour les acquifitions dans les Domaines du Roi. Ils fondoient la feconde fur le concours des qualités d'Engagifte du domaine de Wiffant & de propriétaire de la Seigneurie de Fiennes, réunies fur la même tête, &, felon eux, confondues : circonftances de laquelle ils déduifoient ce paradoxe, que l'Engagifte n'avoit pas pu fe devoir des droits à lui-même, & que le Fermier qui le repréfentoit n'avoit pas pu par conféquent les exiger.

On écartoit la prétention fondée fur le privilege des Maîtres des Requêtes, par le texte des Edits qui ont excepté de l'exemption les domaines engagés avant la conceffion : exemption néceffaire & de droit rigoureux, vu que le Roi n'avoit pu ni voulu gratifier fes Privilégiés d'une chofe qui ne lui appartenoit pas. Or l'engagement du domaine de Wiffant eft de 1595, & la conceffion du privilege eft de 1642. On obfervoit que la revente de ce domaine, ordonnée en 1657, ne l'avoit pas fait rentrer en la poffeffion du Roi, ne l'avoit par conféquent pas rendu fufceptible de recevoir l'impreffion du privilege ; & on le prouvoit furabondamment par la Déclaration du 19 Juillet 1695, par laquelle le Roi avoit déclaré, en termes précis, que la revente poftérieure des domaines engagés ne donneroit pas lieu à l'exemption des droits feigneuriaux dans l'étendue des domaines qui étoient engagés avant la conceffion du privilege.

La feconde reffource de MM. de Fontanieu leur étoit enlevée par le fimple redreffement d'une équivoque de mots : à les entendre, on eût dit que le fief de Fiennes avoit été réuni naturellement au domaine de Wiffant, dès-lors que l'Engagifte de Wiffant avoit acquis la Seigneurie de Fiennes : ils vouloient faire paffer pour une réunion ou confufion féodale, l'accident qui rendoit le même Acquéreur propriétaire du fief fervant, & poffeffeur précaire du fief dominant. Mais leur prétention ne changeoit pas la nature des chofes : l'Engagifte n'étoit pas fuzerain du fief fervant, il n'étoit qu'ufufruitier des droits utiles de la fuzeraineté ; & il n'importoit que les deux poffeffions fuffent réunies fur fa tête ; cette réunion pouvoit.bien confondre les intérêts économiques de l'individu, mais elle ne confondoit pas les intérêts civils, les actions. Celle de l'Engagifte contre l'Acquéreur pouvoit être inutile à exercer, tant que la même caiffe payoit & recevoit ; mais ici l'Engagifte avoit mis cette action à prix, il l'avoit cédée à un Tiers, il en avoit reçu le produit compris dans le loyer annuel des droits cafuels de fon engagement ; l'action appartenoit donc au Fermier qui diftinguoit très-légitimement dans la même perfonne l'Engagifte de Wiffant & l'Acquéreur d'un fief fervant qui devoit des droits à ce domaine. Ainfi cette prétendue confufion de droits étoit un pur jeu de mots.

Tels étoient, dans toute leur force, les moyens par lesquels MM. de Fontanieu éludoient depuis trente ans le paiement des droits échus au profit du Fermier de Wiſſant : ces moyens eurent le ſort qu'ils devoient avoir : le Parlement, par ſon Arrêt du 6 Septembre 1763, débouta tant le Procureur Général que les ſieurs de Fontanieu, de leur oppoſition aux Arrêts des années 1621 & 1745, condamna le ſieur de Fontanieu tant en ſon nom que comme héritier du mobilier de feu M. de Fontanieu ſon pere, à payer aux héritiers du ſieur Geneau de Formanoir les droits ſeigneuriaux dûs à cauſe de la vente faite audit feu ſieur de Fontanieu & à la dame ſon épouſe, par la Comteſſe de Valençay, de la Seigneurie & Marquiſat de Fiennes & dépendances, par contrat du 25 Mai 1730, pour les portions de ce Marquiſat mouvantes du Domaine & Bailliage de Wiſſant, avec les intérêts depuis la demande, & ordonna que la ventilation commencée en exécution de l'Arrêt de 1745, ſeroit continuée : les dépens adjugés aux héritiers Geneau & le Greſſier, tant contre les ſieurs de Fontanieu, que contre le Fermier du domaine de Boulogne, & le Curateur à la ſucceſſion vacante de la Comteſſe de Valençay, qui avoient auſſi formé de leur chef une tierce oppoſition.

C'eſt cet Arrêt rendu avec pleine connoiſſance de cauſe, s'il en fut jamais, & ſur les motifs les plus preſſants qui puiſſent déterminer des Juges, que le ſieur de Fontanieu a entrepris d'attaquer par la voye de la caſſation, & avec celui-là les Arrêts de 1621

&

& 1745, qui ont, à la vérité, été rendus fur la même queftion. Ainfi, elle a déjà été jugée trois fois par le premier Tribunal du Royaume, contradictoirement avec le Miniftere Public qui défendoit les droits du Domaine : les deux dernieres conteftations ont duré l'une plus de vingt ans & l'autre quatorze.

MOYENS.

Le fieur de Fontanieu fonde fa demande en caffation fur quatre moyens.

Le premier eft, felon lui, une contravention au droit public du Royaume, qui veut que les fiefs de dignité relevent nuement de Sa Majefté.

Le fecond eft une contravention à la Coutume du pays, conforme en ce point au droit public, laquelle, fuivant le fieur de Fontanieu, donne à Sa Majefté la mouvance nue & immédiate du Marquifat de Fiennes.

Le troifieme eft pris d'une prétendue contravention à une chaîne de titres qui fe fuccedent pendant quatre fiécles, & qui donnent à Sa Majefté, ainfi que le Droit Public & la Coutume, la prérogative d'avoir dans fa mouvance le Marquifat de Fiennes à l'inftar des autres fiefs de dignité.

Le quatrieme moyen eft une prétendue contravention à l'Edit de 1642, concernant le privilége des Maîtres des Requêtes.

Faut-il parler d'un cinquieme reproche que le fieur de Fontanieu fait aux Arrêts qu'il attaque, fçavoir qu'ils fe contredifent ? Oui , les fieurs Geneau & conforts en vont parler pour faire connoître à quelles reffources on a recours pour faire paffer ce procès, s'il fe peut, à une troifieme génération ; mais ils vont répondre à ce reproche pour n'y pas revenir : l'Arrêt de 1641 a déclaré que la Terre de Fiennes étoit mouvante, *pour la majeure partie*, par le Bailliage de Wiffant , & a condamné l'acquéreur à payer à l'Engagifte de Wiffant les droits dûs pour cette partie ; l'Arrêt de 1745 condamne à payer au même Engagifte les mêmes droits pour une mutation échue à fon profit, *pour la principale partie* du Marquifat de Fiennes en ce qui releve du Domaine de Wiffant, & ordonne la ventilation pour déterminer cette partie ; l'Arrêt de 1763 condamne à payer ces mêmes droits à l'Engagifte ou à fon Fermier , *pour les portions* du Marquifat de Fiennes qui font dans la mouvance du Bailliage & Domaine de Wiffant , & ordonne la continuation de la ventilation commencée à l'effet de déterminer ces Parties. Voilà ce que le fieur de Fontanieu appelle des contradictions : voilà les moyens qu'il porte aux pieds du Trône pour inculper trois Arrêts folemnels.

Revenons aux quatre moyens ; mais avant d'en commencer la difcuffion , propofons deux obfervations générales.

Les propofitions avancées par le fieur de Fontanieu , accordées telles qu'il les expofe , ne formeroient pas enfemble un moyen de caffation. Il s'agiſſoit d'un droit reſpectif, d'un droit domanial , ſi l'on veut, que le ſieur de Fontanieu prétendoit fondé en ſa faveur par le Droit Public & par la Coutume ; on lui a ſoutenu au contraire que le Droit Public & la Coutume proſcrivoient ſon exception & fondoient la demande formée contre lui ; on a conteſté ſur l'application du Droit Public & de la Coutume ; on a jugé ; le ſieur de Fontanieu veut qu'on juge encore : ſon action eſt un appel dégüiſé ſous le nom d'une demande en caſſation ; le Domaine de la Couronne eſt abſolument ſans intérêt, il ne s'agit point de violation des formes , mais d'un mal jugé que le ſieur de Fontanieu accuſe le Parlement d'avoir réitéré juſqu'à trois fois ſur la même queſtion.

. C'eſt encore plus un mal jugé qu'il attaque , lorſqu'il préſente pour moyen de caſſation une prétendue contravention aux titres. De quoi jugeront ſans retour les Cours de Parlement ſi elles ne jugent du mérite des titres ? Et quels Arrêts feront ſtables , ſi l'on les attaque ſous prétexte qu'ils n'ont pas fait droit ſur les titres , ſur des titres produits, diſcutés pendant vingt années , & avec le miniſtere public ? Il en eſt de même de la contravention au privilege des Maîtres des Requêtes : ce privilege fondé ſur une Loi , a été reſtraint par la Loi même , il l'a été par des Loix ſubſéquentes ; il a par conſéquent ſes limites ou ſes exceptions. Le ſieur de Fontanieu a réclamé le privilege qu'on n'a pas conteſté , mais on lui a oppoſé qu'il n'étoit pas dans le cas auquel la

Loi en applique l'exercice, ou pour mieux dire, on lui a soutenu qu'il étoit dans l'exception : qui peut juger cette contestation, sinon le Tribunal, juge naturel des Maîtres des Requêtes ? Et si l'on prétend qu'il n'a pas fait droit sur la demande du privilégié, que peut-on dire sinon qu'il a mal jugé ?

Seconde observation : les propositions du sieur de Fontanieu accordées ne présentent aucun moyen au fonds en faveur de sa prétention.

Le sieur de Fontanieu soutient que suivant le Droit public, la Coutume du pays & les titres, le Marquisat de Fiennes, à l'instar des autres fiefs de dignité, releve nuement de Sa Majesté : les défendeurs disent la même chose : ils sont d'accord avec leur adversaire sur ce point que Fiennes relevant du Roi par le Comté de Boulogne, releve nuement du Roi. S'enfuit-il de là que les droits doivent être payés au trésor du Domaine, ou au Receveur de Boulogne même ? pas plus l'un que l'autre. Ils devroient être payés à Boulogne si cette Ville eût été désignée pour le chef-lieu, auquel il eût plu au Comte de recevoir les devoirs & les droits de tous ses Vassaux. Il a préféré d'assigner huit chef-lieux d'autant d'arrondissements, en chacun desquels ces Vassaux pouvoient plus commodément aller se décharger de leurs devoirs : cet arrangement qui ne fait que diviser des recettes ne change point les qualités & les rapports ; à Wissant, comme à Boulogne, & dans tel autre qu'on voudra des huit Bailliages, c'est le Vassal immédiat qui rend les 'devoirs, c'eſt le Suzerain unique ; le Comte de Boulogne qui les reçoit ; & l'on releve nuement par Wiſſant, comme on releve nuement par Boulogne. Que cet arrangement déplaiſe au ſieur de Fontanieu, il ſuffit que nos Rois l'ayent adopté lorſqu'ils ont ſuccédé aux Comtes de Boulogne ; il formoit le *ſtatu quo* lorſque Sa Majeſté a engagé le Domaine de Wiſſant , & c'eſt par ce *ſtatu quo* que l'adjudicataire a du connoître la conſiſtence des droits qu'on lui engageoit. On peut dire que cette obſervation préſente toute l'affaire : à la vérité, elle la préſente ſimple, telle qu'elle eſt, telle en un mot, que le Conſeil le verra quand on lui aura ôté les échaſſes ſur leſquelles le ſieur de Fontanieu l'a montée pour en faire un fantôme , un géant. On entre dans la diſcuſſion des moyens.

PREMIER MOYEN.

Contravention au Droit Public du Royaume , qui veut que les Fiefs de dignité relevent nuement de Sa Majeſté.

LE Sieur de Fontanieu, néceſſité d'expliquer ce qu'il entend par relever nuement de Sa Majeſté, en donne cette définition qu'il a puiſée dans des actes produits au Procès, que c'eſt *relever nuement du Roi en plein fief, à foi & hommage.* Il faudroit que le ſieur de Fontanieu déclarât ſi par ces termes il entend relever du Roi, à cauſe de la Couronne , ſans moyen d'aucun fief? On voit bien qu'il feroit tenté de le ſoutenir; mais comment pourroit-il ſoutenir enſuite que les fiefs de dignité doivent relever nuement du Roi, du moment que par-tout on les voit relever par quelque grand fief réuni à la vérité à la Couronne & poſſédé par Sa Majeſté? Le Marquiſat de Fiennes, lui-même, ne releve-t-il pas du Comté de Boulogne? Ne releve-t il pas même en partie du Comté de Guines qui eſt un arriere fief de l'Artois? Le Comté de Saint-Pol qui eſt de bien plus grande dignité que Fiennes ne releve-t-il pas auſſi de Boulogne? La Principauté de Tingry n'en releve-t-elle pas pareillement? Faut-il répéter l'énumération des fiefs de dignité qu'on a indiqués au ſieur de Fontanieu, comme relevants du Roi par d'autres fiefs? La Baronnie d'Amville, du Comté d'Evreux, avant qu'elle fût érigée en Duché-Pairie. Le Marquiſat de Verneuil, du Comté de Senlis. La Principauté de Poix, du Comté d'Amiens. Le Comté de la Roche-Guyon, du Comté de Chaumont, & qui fût même laiſſé dans cette mouvance lors de l'érection qui en fût faite en Duché-Pairie, & qui n'en a été diſtrait que par des lettres poſtérieures. Le Marquiſat d'Arcq & le Comté de Châteauvillain, de la Tour de Chaumont, avant qu'ils euſſent été érigés en Duché. Ces exemples qu'on retrouve dans tout le Royaume, font connoître ce qu'il faut penſer de cette regle du Droit Public qu'allegue le ſieur de Fontanieu, & de la conſéquence qu'il y attache.

Il est curieux de voir de quelle maniere le sieur de
Fontanieu se tire de ces exemples. Ce sont, dit-il,
» des exceptions qui viennent de ce que ces grands
» fiefs n'étoient pas dans la main de Sa Majesté ; que
» ceux qui les possédoient avoient chacun *la souve-*
» *raineté de leurs propriétés* ; & que de cela seul
» qu'ils étoient *souverains*, les fiefs de dignité qui
» se trouvoient dans leur arrondissement pouvoient
» relever d'eux. Mais depuis que ces grands fiefs
» sont rentrés sous la domination constante du Roi,
» soit par reversion, ou autrement, Sa Majesté
» représente ces différents propriétaires, & leurs
» Vassaux immédiats sont devenus ceux de Sa
» Majesté ».

Ainsi, à entendre le sieur de Fontanieu, le
Royaume aura été partagé entre les Vassaux, comme
il l'avoit été entre les descendans de Clovis & ensuite
entre ceux de Charlemagne ? Chose étrange, que
la disette des moyens pour soutenir un procès,
fasse avancer une telle proposition qu'on peut appel-
ler un blasphême en politique ! Fasse dire que des
Officiers du Roi salariés, par les émoluments du
fief, pour le double service de la Justice & des Armes,
soient devenus co - partageants de la Monarchie !
Que l'abus que les Vassaux ont fait des largesses in-
discrettes des Rois Carlovingiens & de la foiblesse
de ces Princes, ait été légitimé par une division de
la Souveraineté ! Qu'on ose porter une telle proposition aux pieds du Trône dans le Conseil même
de Sa Majesté !

C'eſt ſans doute ſur ce principe que le ſieur de Fontanieu fonde le ſyſtême (dont il fait honneur à un Inſpecteur du Domaine) de la confuſion des grands fiefs avec le Domaine de la Couronne, par le fait ſeul de leur réuuion. Syſtême indifférent dans l'inſtance, & toutes-fois démenti par l'uſage où l'on eſt de faire diſtraire les fiefs érigés en Duchés-Pairies, de la mouvance des grands fiefs dont ils relevoient auparavant, pour les mettre dans la mouvance nue du Roi ; uſage qui prouve manifeſtement qu'on ne croit pas les grands fiefs confondus avec le Domaine, par leur réunion, qu'on penſe au contraire qu'ils conſervent leur mouvance ſur les Vaſſaux qui en dépendoient, & que c'eſt le canal ou le moyen par lequel ces Vaſſaux relevent aujourd'hui du Roi, puiſqu'on anéantit ce moyen par la diſtraction de la mouvance, quand on veut les faire relever immédiatement. Cette diſtraction ſe fait ordinairement par le tranſport de la mouvance à la Tour du Louvre, qu'on regarde comme le chef-lieu du Roi, par oppoſition à la Tour du Châtelet, regardée comme le chef-lieu du Comté de Paris : elle n'a lieu qu'à l'égard des Duchés-Pairies.

En vain le ſieur de Fontanieu s'étaie des paroles de Loyſeau, qui, en diſant que les *grandes Seigneuries* devroient relever de la Couronne, ſemble comprendre ſous cette dénomination les Marquiſats & les autres Fiefs de dignité inférieurs aux Duchés. On a rétabli dans les Requêtes des ſieurs Geneau de Mieurle & Conſorts la réticence par laquelle

on

on attribuoit aux paroles de Loyſeau un ſens qu'elles n'ont pas. Ce profond Juriſconſulte a dit : qu'*en bonne Juriſprudence , il faudroit que les grandes Seigneuries relevaſſent du Roi , à cauſe de ſa Couronne :* c'eſt une opinion d'un Publiciſte qui analyſe les princïpes de la matiere, & qu'il ne donne que pour une opinion ; un vœu pour un nouvel ordre de choſes , & non une déclaration de l'ordre exiſtant ; ou c'eſt, ſi l'on veut, une déclaration de l'exiſtence d'un ordre contraire à celui qu'il juge meilleur : en diſant qu'*il faudroit* que les grandes Seigneuries relevaſſent du Roi, à cauſe de ſa Couronne, il atteſte aſſez qu'elles n'en relevent pas toutes de cette façon. L'uſage étoit en effet conforme à l'atteſtation de cet Auteur ; & à peine, de ſon temps, commençoit-on à diſtraire les Fiefs érigés en Pairies , de la mouvance des grands Fiefs dont ils relevoient auparavant ; à quoi il faut ajouter que depuis cette époque, les titres de Marquiſats & autres inférieurs ont beaucoup perdu de leur importance, & que Loyſeau n'en parleroit pas aujourd'hui avec la même vénération , & ne les confondroit pas , comme il ſembloit le faire alors, avec les Duchés-Pairies.

Au fonds , le ſieur de Fontanieu ne fera pas voir qu'il y ait une regle de droit public qui aſſimile , à cet égard, les Marquiſats aux Duchés-Pairies, qui exige qu'à l'inſtar de ces derniers, ils ſoient diſtraits de la mouvance des grands Fiefs dont ils relevoient avant l'érection : une multitude de Fiefs de cette

nature, érigés fans cette diftraction ; prouve mani-
feftement le contraire, & il n'eft pas néceffaire d'aller chercher d'autre exemple que celui de Fiennes
même, que les Lettres d'érection n'ont pas diftrait
de la mouvance du Comté de Boulogne, dont il a
toujours relevé.

Mais cette diftraction s'opere-t-elle par la feule
érection, & fans qu'il en foit fait mention dans les
Lettres ? Le fieur de Fontanieu le prétend, & il
tâche de le prouver par l'exemple du Marquifat de
Saint Gelais, qui a donné lieu non pas à la queftion
fi une Terre érigée en Fief de dignité eft, par cela
feul, néceffairement diftraite de la mouvance du
Fief dont elle relevoit auparavant, mais à celle-ci ;
fi un Fief ayant dans fa mouvance un Fief de dignité, venant à être aliéné, cette mouvance eft cenfée
réfervée au Roi. La Terre de Saint Gelais mouvante
de la Baronnie de Saint Maixant, membre du Comté
de Poitou, eft érigée en Marquifat, fans aucune
mention de diftraction de mouvance : enfuite le Roi
aliene la Baronnie de Saint Maixant par échange
avec le Duc de Mazarin ; à la premiere mutation, il
s'éleve un combat entre le Duc de Mazarin qui croit
avoir acquis, avec le domaine de Saint Maixant, la
mouvance fur Saint Gelais, & les Fermiers du domaine auxquels les droits font adjugés par l'Arrêt
de la Chambre des Comptes du 9 Septembre 1694.
Cet Arrêt a jugé que le Roi, en aliénant un domaine, n'étoit pas cenfé aliéner la mouvance d'un Fief
de dignité attaché à ce domaine, & a prononcé en

conféquence, que le Marquifat de Saint Gelais relevoit du Comté de Poitou.

Quel principe réfulte-t-il de cette décifion ? Celui
qu'un Fief de dignité ne peut pas relever d'un Seigneur qui manque de qualité pour le régir, comme
manquant de puiffance pour le créer : le principe,
qu'on ne peut tenir le Fief que du Seigneur duquel
il émane ; que l'Acquéreur du domaine qui eft mis,
pour ce qui regarde les autres droits, à la place du
Roi, ne peut pas être mis à fa place à l'égard du droit
de fuzeraineté fur un Fief de cette nature, parce que
le droit de fuzeraineté fur un tel Fief tenant inféparablement à la puiffance de le créer, le Roi ne peut
pas conférer ce droit qui réfide d'une maniere inalié-
nable en fa perfonne. Dès-lors point d'application
de ce cas à celui qui a donné lieu à la conteftation
pendante entre les Parties : pour y établir de la parité,
il faudroit fubftituer l'échange à l'engagement du
domaine de Wiffant ; alors feulement il y auroit lieu
d'agiter la queftion fi le Roi a cédé, avec le Bailliage
de Wiffant, la mouvance du Marquifat de Fiennes.

Ce qui réfulte donc en derniere analyfe, des
raifonnements, des autorités & des efforts du fieur
de Fontanieu, c'eft qu'un vaffal titré ne peut pas relever du Roi par le moyen d'un autre vaffal ; qu'un
Fief de dignité ne peut pas être mis hors la main de
Sa Majefté : mais les fieurs de Mieurle & Conforts
n'ont pas contefté cette maxime. C'eft donc à pure
perte que le fieur de Fontanieu a engagé ces difcuf-
fions importantes de mouvance royale & de l'inté-

rêt prétendu de Sa Majefté, parce qu'il n'eft pas rai-
fonnable de faire un procès à quelqu'un pour prouver contre lui ce qu'il ne contefte pas; & que cela
n'eft pas honnête, fi on le fait volontairement pour
éluder le paiement de fa dette.

Le droit public analyfé par le fieur de Fontanieu,
enfeigne que les fiefs de dignité doivent relever du
Roi nuement; on en eft d'accord. Le fieur de Fontanieu expliquant la maniere de relever nuement,
veut tantôt que ce foit relever de la Couronne fans
moyen d'un autre fief, & tantôt il ne le veut pas.
Quand il foutient que relever nuement, c'eft relever
fans moyen d'un autre fief, on lui oppofe fes titres en
foule, ces aveux mille fois répétés que Fiennes releve
du Roi, par le Comté de Boulogne, ou à caufe du
Comté de Boulogne, & même en partie par le Comté
de Guines; on lui fait obferver que felon cette maniere d'interpréter la mouvance nue du Roi, il feroit
doublement indifférent pour Fiennes de relever par
Boulogne nommément ou par Wiffant, attendu que
dans l'un ni dans l'autre cas, il n'en releveroit pas
plus nuement du Roi. Quand le fieur de Fontanieu,
revenant de ce fyftême, foutient au contraire que
la mouvance du Comté de Boulogne n'eft pas un
obftacle à ce que le Marquifat de Fiennes foit réel-
lement & nuement dans la mouvance du Roi, on
prend acte de l'adhéfion qu'on donne à cette propofition; & on lui demande pourquoi il plaide?

Lorfqu'enfuite le fieur de Fontanieu s'échauffe
pour prouver que tous les titres qui circonfcrivent

la Seigneurie de Fiennes ou du moins fa majeure partie, dans l'enclave de Wiffant, qui en attribuent les droits Seigneuriaux à la recette de ce Bailliage, que ces titres, dit-on, n'empêchent pas que Fiennes ne reléve nuement du Comté même, on s'empreffe d'adhérer encore à cette propofition : on l'étend & on la développe pour lever jufqu'aux moindres fcrupules du fieur de Fontanieu : on lui dit que la mouvance par Wiffant ne forme pas un degré de féodalité, que Wiffant ne domine pas Fiennes, comme vaffal de Boulogne, mais comme Membre de Boulogne; que c'eft le Suzerain qui domine par l'une ou par l'autre de fes mains : on convient que ce Suzerain eft le Roi, foit qu'on admette la confufion des grands Fiefs avec le Domaine de la Couronne, ou fimplement la réunion, foit que la mouvance procéde de Sa Majefté, comme Comte de Boulogne ou comme Roi; foutenant que dans toutes les fuppofitions cette mouvance eft acquife au Roi inféparablement, & que le Fief ne peut être mis hors fa main.

Ainfi les fieurs de Mieurle & conforts font bien éloignés de combattre cette maxime du droit public, que les fiefs de dignité doivent relever nuement de Sa Majefté. On va voir qu'ils n'ont pas plus d'intérêt à contefter les difpofitions de la Coutume.

SECOND MOYEN.

*Contravention à la Coutume du pays qui , conforme
à cet égard au droit public du Royaume , attribue
à Sa Majefté la mouvance nue & immédiate fur le
Marquifat de Fiennes.*

Le fieur de Fontanieu cite de la Coutume de
Boulogne , les articles 9 , 10 , 14 & 15 ; l'article
9 dit qu'en ce Comté *il y a quatre Châtellenies
tenues du Roi , à favoir : Fiennes, Tingry, Longvil-
liers ,* &c.

L'article 10 dit , *audit Comté a le Roi la Sénéchauffée de Boulonnois , Juftice principale dudit
pays , connoiffant le Sénéchal de Boulenois de toutes
caufes & matieres en premiere inftance , & y a audit
Comté huit Bailliages Royaux , à favoir : Boulogne , Outreaux , Wuiffant ,* &c. *lefquels Baillis font
Juges en premiere inftance , tant en civile qu'au
criminel , des matieres des Roturiers & autres dont
ils ont accoutumé connoître , fauf les matieres privilégiées reffortiffantes par la Coutume , en cas d'appel
immédiatement pardevant ledit Sénéchal.*

L'article 15 porte , *ont lefdits Barons , Pairs &
Châtelains , par la Coutume dudit pays , ès mettes de
leursdites Baronnies, Pairies & Châtellenies, toutes
Juftices hautes , moyennes & baffes , connoiffance de
toutes caufes & matieres en premiere inftance, par leurs*

Baillifs & hommes féodaux, sauf de cas Royaux,
& matieres privilégiées au Roi, reſſortiſſant pareil-
lement par appel immédiatement pardevant ledit
Sénéchal de Boulenois; comme pour toutes les Juſti-
ces inférieures de ladite Comté ayant des Jugements
de cinq hommes de Fief ſous eux, leſquels ſem-
blablement ont toutes Juſtices, haute moyenne &
baſſe, & les droits y appartenants.

Voilà les autorités de la Coutume. Jamais peut-
être on ne s'eſt mis en frais de citer des textes plus
indifférens, on peut dire, plus étrangers à une cauſe.
On va le démontrer en peu de mots, en expoſant les
inductions qu'en tire le ſieur de Fontanieu.

Il veut prouver par l'article 9, que Fiennes releve du Roi, du moment que la Coutume le met
au rang & en tête des quatre Châtellenies du Comté
qui relevent du Roi. Mais les défendeurs ont cer-
tainement démontré déjà dix fois que ce point n'eſt
pas conteſté entre les Parties, qu'elles ſont d'accord
que Fiennes releve du Roi, & qu'il en releve par
le Comté de Boulogne. La conteſtation eſt de ſavoir
s'il releve par le Comté pris dans un ſens indivi-
ſible, comme le prétend le ſieur de Fontanieu, ou
par un Membre du Comté, par le Bailliage de
Wiſſant? Cet article 9 parlant indéfiniment de la
mouvance du Roi qu'on ne conteſte pas, & ſe tai-
ſant ſur le moyen de la mouvance, qui eſt le point
contentieux, ne fait rien à la queſtion.

Le ſieur de Fontanieu ſe prévaut de la diſpoſition
de l'article 10, pour établir une ſubordination des

Bailliages à la Sénéchauffée, en ce que, dit-il, celle-ci a le reffort fur les autres. C'eft encore un objet dont il n'eft pas queftion; la divifion du Comté par reffort, n'ayant rien de commun avec la divifion politique économique, ou, fi l'on veut même, fifcale: la premiere qui établit entre les Bailliages & la Sénéchauffée un rapport de dépendance, à l'égard de la Jurifdiction, laiffe ces mêmes Bailliages dans une pleine indépendance entr'eux, n'emporte pas même de rapport de fubordination entre la Sénéchauffée & ces Bailliages, à l'égard d'autres branches d'adminiftration dont ces derniers ont exclufivement l'exercice; de même que le Reffort d'une Cour de Parlement qui lie fous fa Jurifdiction les Provinces & les territoires qui en dépendent, laiffent dans une entiere indépendance, les corporations refpectives qui, dans le même diftrict, ont l'attribution de certaines branches d'adminiftration étrangere aux fonctions du Tribunal fuprême.

Le fieur de Fontanieu auroit dû faire attention que la divifion en Bailliages eft une divifion territoriale qui fuit la divifion géographique, pour la commodité des recettes & des vaffaux; que fon texte même confond, à cet égard, le Bailliage de Boulogne avec les autres, fans lui réferver ni prérogative ni diftraction; preuve évidente que les rapports des Bailliages au Comté, ne font pas réglés fur les rapports des Bailliages à la Sénéchauffée: celle-ci eft par-tout, & s'étend fur tout; le Bailliage de Boulogne lui eft fubordonné comme les autres;

au

au lieu que fi , comme femble le prétendre le fieur de Fontanieu , il y avoit un chef-lieu néceffaire qui repréfentât exclufivement le Comté , & auquel duffent appartenir de droit les devoirs & les droits des vaffaux , ce chef-lieu (qui feroit fans doute Boulogne) porteroit un caractere diftinctif & exclufif de prééminence : le Bailliage de Boulogne ne feroit pas confondu avec les autres , comme il l'eft dans le texte même fur lequel s'appuie le fieur de Fontanieu.

Les inductions qu'il tire de l'article 15 , viennent encore de plus loin à la queftion : cet article parle des Juftices des Barons, Pairs, Châtelains, & autres Seigneurs Jufticiers du Comté. Le fieur de Fontanieu veut y trouver la preuve que Fiennes , comme Châtellenie , étoit même avant fon érection en Marquifat , un Fief de dignité. D'abord , on lui demande que fait à la queftion que Fiennes ait été anciennement un Fief de dignité ? C'eft , répond le fieur de Fontanieu , qu'à ce titre cette Terre ne pouvoit pas relever par le Bailliage de Wiffant. A quoi l'on replique , que le Comté de Saint-Pol qui étoit tout au moins d'auffi grande dignité que Fiennes , relevoit par le Château de Surennes , témoin la Coutume même qui l'attefte , & une foule de titres qui ne font point conteftés. Mais il faut voir de quelle maniere le fieur de Fontanieu tire fa preuve , que le texte de cet article attribue à la Châtellenie de Fiennes la prérogative d'être un Fief

de dignité ; il la prend de ce que l'article, en atteſ-
tant au profit des Châtellenies le droit de haute ,
moyenne & baſſe Juſtice , leur attribue la connoiſſance en premiere inſtance , de toutes cauſes en
toutes matieres , à l'exception des cas royaux , avec
le reſſort d'appel nuement en la Sénéchauſſée , en
quoi la Coutume aſſimile preſque ces Juſtices aux
Bailliages royaux.

Il eſt très-vrai que le texte contient toutes ces
prérogatives ; mais il les étend , & dans l'article
même , à toutes les autres Seigneuries du Comté
qui auront des Jugemens de cinq hommes de Fief ,
c'eſt-à-dire qui pourront former une Cour de cinq
hommes : or , il faut croire qu'il n'y avoit pas de
Seigneur Juſticier dans le Comté qui ne participât
à la prérogative , parce que , ſelon d'autres diſpo-
ſitions de la Coutume , que les ſieurs de Mieurle &
conſorts ont citées dans leurs Requêtes , le Seigneur
qui avoit trois hommes de Fief pouvoit emprunter
les deux autres de ſon ſuſerain , qui étoit tenu de
les lui prêter ; & formant de cette maniere ſa Cour
pléniere , il participoit à toutes les prérogatives de
l'article 15. Il faut donc conclure du ſyſtême du
ſieur de Fontanieu , qui fait dépendre le caractere
de Fief de dignité de ces prérogatives , que toutes
les Seigneuries du Comté de Boulogne , les petites ,
comme les grandes , étoient des Fiefs de dignité.

Ces citations ſi peu analogues , ſi peu relatives
aux queſtions de l'inſtance , ont donné lieu aux héritiers Geneau & le Greſſier d'oppoſer au ſieur de

Fontanieu cette même Coutume, par laquelle il avoit prétendu les combattre : ils lui ont objecté que l'article 4 parloit en termes exprès de la mouvance du Comté de Saint Pol *par le Château de Surennes*. Le fieur de Fontanieu a voulu efquiver l'objection, en difant que cet article ne prouvoit pas que Fiennes relevât par Wiffant ; mais ce n'eft pas de quoi il s'agit : ce n'eft pas en ce lieu que les héritiers Geneau & le Greffier doivent prouver la mouvance de Fiennes par Wiffant ; leur tâche eft ici de détruire les objections par lefquelles le fieur de Fontanieu effaye de combattre cette mouvance. Le fieur de Fontanieu invoque la Coutume pour prouver que conformément à ce qu'elle attefte les Châtellenies & autres grandes Seigneuries du Comté, parmi lefquelles celle de Fiennes eft comprife, relevent du Roi & ne peuvent pas en relever par les Bailliages : les héritiers Geneau répondent que la Coutume ne peut pas contenir une telle propofition, dès-lors qu'elle en contient textuellement une contraire ; ils préfentent auffi-tòt l'article 4 qui fait relever la plus éminente des Seigneuries du Comté, par un Bailliage ou Château qu'il nomme. C'eft prouver *in terminis* que la Coutume ne rejette pas la mouvance par les Bailliages ; & c'eft démontrer que le fieur de Fontanieu ne prouve pas ce qu'il s'étoit engagé de prouver.

Le fieur de Fontanieu s'étoit retranché à dire que dès-lors que la Coutume faifoit mention de la mouvance particuliere du Comté de Saint-Pol par un

membre du Comté , elle auroit fait la même mention de la mouvance de Fiennes par Wiſſant , ſi
cette mouvance avoit eu lieu ; & que ſon ſilence à cet
égard prouvoit aſſez que Fiennes relevoit du Comté
immédiatement , ſans moyen d'aucun Bailliage. Il
auroit ſuffi de répondre au ſieur de Fontanieu que la
Coutume n'étoit pas un terrier , que les rédacteurs
n'avoient pas été chargés de faire la deſcription des
fiefs du Comté , & de les aſſigner à leurs enclaves ;
& que tout ce qu'il pouvoit y avoir d'irrégulier
dans les énonciations dont ils avoient ſurabondam-
ment chargé leur procès-verbal , étoit ſans force
pour établir les mouvances du Comté de Boulogne.
On a fait plus , on a ſatisfait le ſieur de Fontanieu
ſur le motif particulier de l'énonciation de la mouvance du Comté de Saint Pol , lequel eſt pris de la
ſituation de cette terre. Elle dépendoit autrefois du
Comté d'Artois , & ſes Domaines ſont affermés en
partie dans l'enclave de ce fief : cette circonſtance a
déterminé à aſſigner Saint Pol au Bailliage de de Surennes , parce que ſa ſituation ne déterminant pas ſa
mouvance , on n'auroit ſçu à quel des huit Bailliages
il ſe rapportoit : à la différence des autres fiefs dont
la ſituation dans l'enclave des Bailliages reſpectifs ,
détermine naturellement la mouvance.

Ce n'eſt donc pas dans la Coutume qu'il faut
chercher la mouvance de Wiſſant ſur la terre de
Fiennes : c'eſt dans des monuments d'un autre genre
que cette mouvance eſt conſignée. Puiſqu'après cinquante ans de diſcuſſion , il faut les diſcuter encore,
les héritiers Geneau & le Greffier vont prouver que le

fieur de Fontanieu n'a pas plus pour lui les titres, que la Coutume & le Droit Public.

TROISIEME MOYEN.

Contravention à une chaîne de titres, continuée pendant plus de quatre cens ans, laquelle attribue au Roi la mouvance nue du Marquifat de Fiennes.

Un prétendu mal-jugé, fondé fur l'application ou interprétation de titres refpectivement produits par les parties, n'eft pas de nature à pouvoir adminiftrer un moyen légitime de caffation. Au furplus, le Confeil verra, après la difcuffion de ce moyen, que les titres produits de part & d'autre, établiffent en effet que Fiennes releve du Roi, ce qui n'eft pas contefté, & qu'ils n'établiffent pas moins clairement, que c'eft par le Bailliage de Wiffant, qu'il releve. De forte que la propofition fur laquelle le fieur de Fontanieu fonde fon moyen, ne touche pas la queftion qui confifte à favoir, fi c'eft à la recette de Wiffant, ou à celle du Tréforier général du Comté, que doivent être payés les droits feigneuriaux dûs à caufe des mutations du Marquifat de Fiennes.

Il s'agit donc de titres qui peuvent faire rapporter les droits cafuels à la recette de Wiffant, & de ceux qui pourroient au contraire les attribuer exclufivement à la recette générale du Comté. Les premiers furent repréfentés par l'Engagifte de Wiffant dans l'inftance de l'Arrêt de 1621 : les autres devoient être dans les mains de M. de Vic

qui, comme le fait aujourd'hui le fieur de Fontanieu, refufoit d'acquitter les droits auxquels don-
noit lieu l'aquifition qu'il avoit faite de la terre
de Fiennes. Les uns & les autres fubirent l'exa-
men du Miniftere public, fur les conclufions duquel fut rendu l'Arrêt en faveur de l'Engagifte.
Le fieur de Fontanieu a voulu faire élever des
doutes fur le férieux de la défenfe de M. de Vic,
en difant & en répétant que l'Arrêt avoit été
rendu par forclufion : mais on lui a répondu, &
il n'a ofé le contredire, que M. de Vic avoit porté la chaleur de fa défenfe, jufqu'à s'infcrire en
faux contre quelques-uns des titres dont l'Engagifte s'aidoit contre lui, & que l'Arrêt avoit été
rendu fur les conclufions du Procureur Général.
Il eft manifefte, d'après ces deux faits certains,
que fi le procès a été jugé par forclufion, ç'aura
été la faute du fieur de Vic, qui convaincu de l'im-
puiffance de fes efforts, aura cherché à éternifer
la conteftation, comme le cherche aujourd'hui
le fieur de Fontanieu, & que le Parlement fe fera
vu obligé de mettre un terme à fes fubterfuges. On
pouvoit s'attendre qu'après cette réponfe, le fieur
de Fontanieu ne répéteroit pas fon objection.

Les mêmes titres foumis une feconde fois à l'e-
xamen du Parlement, dans la conteftation qui s'é-
leva entre les Fermiers refpectifs du Comté de
Boulogne & du Domaine de Wiffant, à l'occa-
fion de la vente du Marquifat de Fiennes, faite
en 1709 à la Comteffe de Valençay, furent alors

difcutés pendant plus de 20 ans; ils le furent, fur la fin de l'inftance, avec feu M. de Fontanieu, & toujours avec le Procureur Général du Roi. Le fieur de Fontanieu qui voudroit affoiblir les inductions accablantes qui réfultent contre lui, d'une conteftation fi longue, & fi folemnelle, n'a pas craint d'avancer dans fes requêtes, que le Procureur Général du Roi, n'avoit pas été partie dans cette inftance, & que c'étoit d'office, que le Parlement lui avoit fait la réferve de fe pourvoir. Mais on a l'Arrêt & les conclufions fur lefquelles il a été rendu ; & l'on a encore le Mémoire fignifié par le Sieur de Fontanieu, dans la troifieme inftance, le 29 Août 1763, dans lequel on lit, à la page 3. *M. le Procureur Général avoit été partie dans l'Arrêt de 1745, mais faute de lui avoir adminiftré des titres, ce Magiftrat s'en étoit alors rapporté à la prudence de la Cour, qui lui avoit refervé par fon Arrêt, la faculté de fe pourvoir....* Il manquoit à ce récit, pour le rendre entiérement exact, de dire que M. le Procureur Général avoit lui-même conclu à cette réferve ; mais tel qu'il eft, il prouve affez combien le Sieur de Fontanieu s'eft permis de faire violence aux faits, pour couvrir tout ce qu'il y avoit de favorable dans fa démarche. Que diroit-il des fieurs Geneau & Confors, s'ils s'étoient permis de telles libertés ?

Enfin les titres réunis une troifieme fois fous les yeux du Parlement en 1749, y ont fubi une nouvelle difcuffion de 14 ans, terminée par l'Arrêt de 1763. Les Héritiers Geneau & le Greffier, pourroient crier à la véxation, lorfqu'après trois combats auffi longs, auffi opiniâtres, & toujours décidés à l'avantage de l'Engagifte de Wiffant, on remet encore fon droit en queftion, & que pour faire caffer les trois Arrêts qui l'ont confacré, on fe fonde fur un mal-jugé contre les titres. Mais ils refpectent jufqu'à l'ombre des droits facrés du patrimoine de la Couronne, dont les fieurs de Fontanieu fe font couverts, pour en impofer au Confeil ; & ils vont entrer en lice une quatrieme fois pour débattre ces titres. Et toutesfois fi le fieur de Fontanieu s'eft fervi de ce nom impofant pour éluder l'exécution d'un Arrêt qui en confirme deux autres, & forme une chaîne de conteftations qui a rempli plus d'un fiécle, pour priver deux générations de la jouiffance d'une fomme importante, le Confeil y trouvera fans doute de la véxation, & fon équité le portera à en faire raifon aux défendeurs.

Les titres que les fieurs le Greffier, Geneau de de Formanoir, & leurs héritiers ont produits pour juftifier la mouvance par le Bailliage de Wiffant, étoient de trois fortes. Ils en avoient pour prouver en général la divifion du Comté de Boulogne en huit Bailliages avec autant de recettes : ils prouvoient par d'autres cette divifion en détail & le rapport des devoirs & des droits en chacun des Bailliages par les différens fiefs qui fe trou-

voient

voient dans leur enclave : ils en avoient enfin de particuliers pour établir ce genre de rapport entre la terre de Fiennes & le Bailliage de Wiffant. Ils vont remettre fous les yeux du Confeil une notice fuccinte de ces titres, ils feront enfuite avec la même précifion leurs obfervations fur ceux que les freurs de Fontanieu, & les autres acteurs qu'ils avoient fait paroître fur la fcène, employoient pour attribuer exclufivement à la recette générale du Comté de Boulogne, les droits Seigneuriaux dûs par la terre de Fiennes, & contre lefquels le fieur de Fontanieu prétend que le Parlement a prononcé.

Les héritiers Geneau & le Greffier avoient prouvé généralement la divifion du Comté de Boulogne en huit Baillages & en autant de recettes, par des lettres Patentes de 1550, d'autres du 26 Juin, de la même année, d'autres de 1556, & par des comptes des Tréforiers.

Le 29 Mai 1550, le roi Henry II ayant recouvré le Comté de Boulogne, nomme des Commiffaires pour refaire le terrier du Comté, fe tranfporter *en chacun des huit bailliages*, s'y faire repréfenter *les anciens terriers des fiefs, terres & héritages dépendans du Comté*, faire *en chacun de ces Bailliages un nouveau terrier de tous les droits & revenus, & de tout ce qui apparoîtra être du Domaine de fondit Comté, & être tenu d'icelui.* Les lettres ajoutent qu'il fera laiffé *à chacun des Receveurs particuliers de ces Bailliages, refpectivement, une copie en forme du nouveau terrier.*

Par autres lettres du 26 Juin de la même année, Charles Lebon eft maintenu dans fon Office *de Receveur des Bailliages Royaux de Choquel, Étaples & Belle-Fontaines.*

Par autres lettres du 26 Juin de l'année 1558, le Roi fait remife aux Habitants des Villages & Paroiffes qui font *dans l'étendue des Bailliages de Boulogne, Outreau, Wiffant & Londe-Fort,* des réliefs, rentes & arrérages *par eux dûs aux domaines de ces Bailliages* depuis 1552. Les lettres font préfentées au fieur Deftournelle, Tréforier de France & Général des Finances en Picardie, qui y attache fon Ordonnance aux Receveurs ordinaires de ces Bailliages, de tenir quittes les Habitants de la moitié feulement des droits en queftion, attendu *qu'il n'y a fonds fuffifants pour fatisfaire aux Charges de la Tréforerie ordinaire du Comté.*

Dans les comptes rendus par le Tréforier Général depuis 1555 jufqu'en 1611, on trouve qu'en portant les Bailliages en ligne, pour l'ordre du compte, il a tiré l'article *pour néant,* & ajouté qu'*il y a un Receveur particulier audit lieu, qui en doit compter.*

Dans le compte rendu à la Chambre des Comptes le 31 Mars 1583, par Simon du Vicquet, Receveur particulier des Bailliages de Boulogne, Outreau, Wiffant & Londe-Fort, ce Receveur a féparé & diftingué, ce qui regardoit chaque Bailliage; & lorfqu'il n'y a point eu de droits feigneuriaux échus dans un Bailliage pour l'année dont il comptoit, il en a fait une mention expreffe.

Ces actes juſtifient pleinement que lorſque le Comté de Boulogne eſt rentré dans le Domaine de la Couronne, nos Rois l'ont trouvé partagé en huit Bailliages; qu'en chaque Bailliage il y avoit un Receveur ordinaire chargé du recouvrement des revenus féodaux, & autres provenants des Fiefs, Terres & héritages ſitués dans l'enclave du Bailliage; que pour guider les Receveurs dans ce recouvrement, on remettoit à chacun d'eux un Terrier de ſon Bailliage, contenant la deſcription des Fiefs, Terres & héritages qui en dépendoient; que nos Rois ont approuvé cet ordre, & l'ont maintenu.

Paſſons aux titres par leſquels les Héritiers Geneau & le Greſſier ont prouvé que c'étoit par ces Bailliages qu'étoit établie la mouvance des Terres ſituées dans leur enclave.

Le 4 Mars 1538, Pierre de Maulde fait au Roi la foi & hommage pour ſa ſeigneurie de Condette, *mouvante de Sa Majeſté, à cauſe de ſon Bailliage du Choquel.*

Les 16 & 26 Juin 1550, Jacques de Lafolie fait la foi & hommage, & paye le relief pour ſa Seigneurie de Haute-Sombe, *tenüe du Roi, à cauſe de ſon Bailliage de Wiſſant.*

Le 13 Juillet de la même année, Philippe Daigueville fait la foi pour quatre Fiefs, *tenus du Roi, à cauſe de ſes Châteaux & Bailliages d'Eſtaples & du Choquel.*

Le 19 Novembre 1551, le Roi fait remiſe à Jean de Pocques des droits de quint & autres, qu'il devòit pour raiſon de ſon acquiſition du Fief nommé la Cenſe d'Olincthun, *provenant du Roi, à cauſe de ſon Château de Surennes.*

Les 13 & 16 Mars 1562, Pierre de Mouchy fait la foi & hommage, & paye le relief pour ſa ſeigneurie d'Alette, *mouvante du Roi, à cauſe de ſon Bailliage & Château d'Eſtaples.*

Le 30 Octobre 1586, le Vicomté Dary fait la foi pour ſa ſeigneurie de Florinquerelle, *tenue du Roi, à cauſe de ſon Bailliage de Wiſſant.*

Le 15 Juillet 1593, la Sénéchauſſée de Boulogne liquide par ſa Sentence les droits feigneuriaux dûs par le ſieur de Saint-Martin pour les Terres de Wierc & la Noufoſſe, *mouvantes du Roi, à cauſe de ſon Bailliage du Choquel.*

Autre Sentence du même Siége du 26 Septembre 1594, qui accorde ſaiſine à la dame de Boura, ſur la feigneurie de Tournes & autres Fiefs *mouvants du Roi, à cauſe de ſes Châteaux & Bailliages de Boulogne & d'Eſtaples.*

Autre Sentence encore de la même Sénéchauſſée du premier Juillet 1595, qui liquide les droits feigneuriaux dûs par le ſieur *Leclerc* pour raiſon des Terres & Seigneuries de Wiere & de Longfoſſé, *mouvantes du Roi, à cauſe de ſon Bailliage du Choquel.*

Le 21 Mars 1596, le ſieur de Coùteval fait la foi & hommage pour le Fief d'Hillebert, *tenu du Roi, à cauſe de ſon Château d'Eſtaples.*

Le 19 Juin 1577, Charlotte de Soyecourt fait la

foi & hommage pour fa feigneurie de Bellecluſe & la Poterie, *mouvante du Roi*, *à cauſe de ſon Château & Bailliage de Boulogne*, & pour deux autres Fiefs *mouvants de ſon Bailliage du Choquel.*

Ces onze Titres ont été tirés du Greffe de la Sénéchauſſée de Boulogne; ceux qui ſuivent ont été pris à la Chambre des Comptes, ſur une expédition ordonnée par Arrêt.

Le 26 Juillet 1651, la dame de Lacoſte fait la foi & hommage pour ſa Seigneurie de Marquiſe, *tenue du Roi, à cauſe de ſon Château d'Eſtaples en Boullenois.*

Le 31 Juillet 1665, le ſieur de Boirin fait la foi & hommage pour les Seigneuries de Selles & de Baringhen, déclarées *mouvantes du Roi*, la prémiere, *à cauſe de la Châtellenie de Surennes*, la ſeconde, *à cauſe du Bailliage de Wiſſant.*

Le 3 Août de la même année, le ſieur de Thubeauville fait la foi pour ſa Terre d'Anoc, *ſituée en Boullenois*, & relevante du Roi, *à cause de ſon Château d'Eſtaples.*

Le 9 Septembre 1665, le ſieur de Tuſtale fait la foi pour les Fiefs & Seigneuries d'Andifque, *ſitués en la Paroiſſe de Saint Etienne en Boullenois,* & relevants du Roi, *à cause de ſes Bailliages Royaux de Choquel & Bellefontaine.*

Le 9 Novembre de la même année, le ſieur de Saint Blimont fait la foi pour les Seigneuries d'Audinghen & Haringuerelles, *relevantes du Roi, à cause de ſon Château & Bailliage de Wiſſant.*

Le 29 Décembre 1675, le sieur de la Pature fait la foi pour la Seigneurie de la Pature & de Londefors, *relevante du Roi, à cause de sa Châtellenie de Boulogne.*

Le premier Août 1690, le sieur de Valentinay fait la foi pour une partie de la Seigneurie de Ruques, située en Boullenois, & *relevante du Roi, à cause de son Château d'Etaples.*

Le 22 Février 1702, la dame veuve Seguier fait la foi pour la Seigneurie de Beringhen, *relevante du Roi, à cause de son Baillage de Boulogne.*

Les titres qu'on vient d'énoncer parlent indistinctement des Fiefs de toute espece qui relevent par les Bailliages ; les actes dont on va donner la notice, sont propres à des Fiefs de dignité, & les font relever également par les mêmes Bailliages.

Les Lettres Patentes du 4 Mars 1538, parlent de la foi faite par Pierre de Maulde pour sa *Baronnie de Colemberg,* aujourd'hui Marquisat, *mouvante du Roi, à cause de son Châtel de Surennes.*

Par Sentence de la Sénéchauffée du Bollenois, Pierre de Mouchy fut reçu à la foi & hommage pour sa Seigneurie de Moncaurel, depuis Marquisat, *mouvante du Roi, à cause de son Bailliage & Château d'Etaples.*

Par des Lettres-Patentes du 3 Juillet 1550, le Roi fait remise au sieur Reggé des Droits Seigneuriaux qu'il devoit pour la donation qui lui avoit été faite du Quint de la *Châtellenie* de Longuilliers, *tenue & mouvante du Roi, à cause de sa Châtellenie d'Etaples.*

Il est prouvé par *six* autres Lettres Patentes , que le 26 Juillet 1651 , Diane de Lacoste fit la foi pour sa *Châtellenie* de Longuilliers *tenue du Roi à cause de son château d'Etaples en Boulenois.*

Que le 10 Septembre 1656 , le Duc de Bournonville fit la foi pour son Duché & autres terres y annexées , *le tout mouvant du Roi à cause de son Château de Boulogne.*

Que le 9 Novembre 1665 , le sieur de Saint-Blimont fit la foi pour sa *Baronnie d'Ordres* , qui est la premiere des douze anciennes Baronnies du Comté de Boulogne , comme le portent les Lettres Patentes , qui ajoutent , *relevante ladite Baronnie de nous à cause de notredit Comté & Bailliage de Boulogne.*

Que le 29 Septembre 1675 le sieur de la Pâture fit la foi pour sa *Baronnie* de Courset , & Terres & Seigneuries de la Pâture & Londefort , *situées au Boulenois & relevantes du Roi à cause de ses Châtellenies de Boulogne & de Désurennes.*

Que le 9 Août 1685 , le sieur de Montbeton fit la foi pour sa *Chatellenie* de Longuilliers , *relevante du Roi à cause de son Château d'Etaples.*

Et que le 13 Septembre de la même année , le sieur de Menneville fit la foi pour sa *Vicomté* de Désurennes , *relevante du Roi à cause de son Chateau de Désurennes.*

Voilà trente - quatre titres qui justifient la division du Comté de Boulogne en huit Bailliages ,

& la mouvance des Bailliages fur les fiefs compris dans leur enclave , tant fiefs fimples que ceux de dignité ; en voici qui prouve la mouvance particuliere du Baillage de Wiffant fur la terre de Fiennes.

Dans l'Inftance jugée par l'Arrêt de 1745 , les fieurs Ternaux & Wian , anciens Fermiers du Domaine de Boulogne , compris dans la ferme de celui de Picardie , avoient produit un compte rendu en 1459 , en la Chambre des Comptes de Lille , par le Tréforier du Boulonois , dans lequel il étoit énoncé que Jacques de Luxembourg , Seigneur de Fiennes , avoit payé 60 liv. pour relief & chambellage de plufieurs fiefs tenus du Comté de Boulogne , *favoir l'hommage & Seigneurie de Fiennes, l'hommage d'Eftrebecq & Bourfin en la Baillie de Wiffant.* Ce compte retiré par ces Fermiers qui ne furent pas parties dans la derniere conteftation , y fut remplacé par celui que M. le Procureur Général produifit de la même date , dans lequel fe trouve la même énonciation.

Les fieurs Ternaux & Wian avoient auffi produit une déclaration informe des fiefs & arriere fiefs du Boulenois , qu'ils datoient du 25 Août 1551. Dans cette déclaration , on portoit en titre , *les fiefs mouvants du Bailliage de Wiffant,* & enfuite de ce titre on déclaroit *les Fiefs qui furent au Seigeur de Fiennes & ceux unis à la Châtellenie dudit Fiennes , fe confiftant en quatorze Paroiffes.* Cette

déclaration

déclaration qu'on devoit être étonné de voir produire par les Fermiers du Domaine pour prouver que Fiennes n'étoit pas dans la mouvance de Wiſſant, fut remplacée dans l'inſtance de 1763 par un état des fiefs , que produiſit le Procureur Général , & qu'il prétendit avoir été fait avant l'échange du Comté de Boulogne avec la Jugerie de Lauragais, en 1476. Au folio 2 verſo de cet état on a mis en titre, *fiefs & hommages du Bailliage de Wiſſant,* on a énoncé enſuite , *M. de Fiennes n'a point donné de declaration.* Voilà donc dans les piéces mêmes repréſentées par les Adverſaires, la Terre de Fiennes placée au rang des fiefs qui ſont dans la mouvance du Bailliage de Wiſſant.

Le ſieur Freteau , Inſpecteur Général du Domaine de la Couronne, a délivré un extrait de la priſée du Comté de Boulogne , faite pour parvenir à l'échange de 1477 , dans laquelle chaque Terre & Seigneurie du Comté a été placée ſous le Baillage dans l'étendue duquel elle eſt ſituée. Au folio 522, recto & verſo, la Terre de Fiennes eſt déclarée au nombre des fiefs & hommages du Bailliage de wiſſant, en ces termes, *fiefs & hommages de Wiſſant*, & enſuite , *M. de Fiennes, il n'a baillé aucune déclaration.*

Dans l'acte d'échange qui eſt de cette même année 1477, on a placé également ſous le titre *des fiefs & hommages du Bailliage de Wiſſant* M. DE FIENNES.

Dans un extrait en forme tiré d'un regiſtre du Greffe de la Sénéchauſſée de Boulogne, à la date du 25 Août 1553, on trouve la declaration des Fiefs & Arrieres-Fiefs de Comté de Boulogne ; & à la page 37 on énonce en titre, *fiefs du Bailliage de Wiffant*, & enfuite, *les fiefs qui furent au Seigneur de Fiennes, les fiefs qui font unis à la Chatellenie de Fiennes fe confiftant en quatorze Paroiffes.*

Par une Sentence du 14 Novembre 1594, la Sénéchauffée de Boulogne liquida les droits dûs par Henry d'Airaines pour l'acquifition de 41 livres de rente fur la Terre de *Fiennes*, & fiefs y annéxés, qui font déclarés être tenus & *mouvans du Roi a caufe des Bailliages de Boulogne, de de Wiffant & de Defurennes.*

On place ici à fon rang l'Arrêt contradictoire rendu par le Parlement le 13 Mars 1621 , fur les conclufions du Procureur Général entre le fieur de Compagno, Engagifte du Bailliage de Wiffant, & M. de Vic, Confeiller d'Etat , Seigneur de Fiennes, qui déclara *l'hommage & la Châtellenie de Fiennes , les Fiefs d'Eftrebecq , Bourfin &* autres mouvans du Roi *a caufe du Domaine de Wiffant*, & condamna M. de Vic à en faire la foi au Roi, *a caufe de fondit Bailliage* , & à payer les droits Seigneuriaux à l'Engagifte.

Il eft vrai que le fieur de Fontanieu pourfuit la caffation de cet Arrêt rendu il y a cent cinquante fix ans feulement : il faut lui tenir compte de ce qu'il ne veut pas faire caffer auffi ces autres Jugements du feizieme fiecle, qui ont également

prononcé tant de fois en faveur de la mouvance
des Bailliages ; cette voye feroit fort commode,
pour renverfer l'ordre des fiefs dans tout le Royaume , & anéantir , au profit de qui il appartien-
droit , les titres de propriété. Mais il y a une
obfervation importante à faire fur cet Arrêt: c'eft
qu'il fut rendu fur les titres produits par l'Engagifte;
que M. de Vic les trouva fi décififs pour établir
la mouvance de Wiffant qu'il conteftoit , qu'il
ne vit d'autre maniere de les combattre , que
l'infcription de faux , & que le fieur de Fontanieu les a aujourd'hui en fa puiffance comme
Succeffeur à l'engagement de Wiffant. Or il eft de
l'équité du Confeil de tenir ces titres pour décififs
jufqu'à ce que le fieur de Fontanieu les repréfente. On
va reprendre & achever l'analyfe des titres produits.

Le 27 Avril 1693 , le Bureau des Finances
d'Amiens reçut François - Henry d'Etampes au relief du Marquifat de Fiennes, *tenu en partie du Château & Baillage de Wiffant*, au relief du fief de
Forques , *tenu dudit Château de Wiffant.*

Dans une quittance originale du fieur Marie ,
Receveur Général des Domaines & Bois de la
Généralité de Picardie , donnée le 31 Mars 1714 ,
à Angelique - Elifabeth d'Etampes , pour relief des
Terres de Fiennes & de Belbrune , le Receveur
déclare *qu'il ne reçoit le relief, que pour la partie
du Marquifat de Fiennes tenu du Comté de Guignes ,
attendu que les droits de relief & chambellage
dûs pour ce qui en étoit tenu du Domaine de*

Wiſſant étoient confus en ladite Demoiſelle, en qualité d'Engagiſte du domaine de Wiſſant.

Par Sentence du 18 Juillet 1715, le bureau des Finances d'Amiens reçut la Demoiſelle d'Etampes, au relief du Marquiſat de Fiennes, *mouvant du Roi, partie à cauſe du Comté de Guines, & partie a cauſe de ſon Bailliage & Chateau de Wiſſant*, & au relief de la terre de Forgues mouvante auſſi du Roi *a cauſe dudit Bailliage.*

La terre de Fiennes ayant été ſaiſie féodalement en 1727, ſur la Comteſſe de Valençay qui n'en avoit pas fait la foi & hommage depuis l'acquiſition, elle obtint le 21 Mai, des Lettres-Patentes, pour être reçue à faire la foi & hommage en la Chambre des Comptes, où elle y fut reçue par Arrêt du 24 du même mois, ſur lequel le Bureau des Finances d'Amiens lui accorda main-levée de la ſaiſie féodale, par Sentence du 7 Août 1728. Les Lettres-Patentes, l'Arrêt & la Sentence déclarent *que le Marquiſat de Fiennes eſt mouvant & relevant du Roi, à cauſe de ſon Bailliage de Wiſſant, & de ſon Comté de Guines.*

Qu'il ſoit permis de ſe demander ici ſur quoi porte la conteſtation que le ſieur de Fontanieu perpétue au-delà d'un ſiécle : n'eſt-ce pas de ſavoir ſi c'eſt par *le corps indiviſibles du Comté* de Boulogne, que les Vaſſaux relevent excluſivement, ou par les Bailliages dans l'enclave deſquels ils ſont ſitués, & ſi la terre de Fiennes nommément releve par le Bailliage de Wiſſant ? Mais voilà plus de quarante titres qui juſtifient que le Comté eſt partagé en huit Bailliages &

en autant de recettes ; qu'en chaque Bailliage il a été fait un terrier des fiefs situés dans son enclave, pour servir au Receveur à faire le recouvrement des droits qu'ils peuvent devoir; que chaque Bailliage a la *mouvance* sur ces Fiefs ; que c'est par lui qu'ils relevent du Roi ; que cette mouvance s'étend indistinctement sur les Fiefs de dignité comme sur les autres ; enfin, que le Bailliage de Wissant a la mouvance sur la partie du Marquisat de Fiennes située dans son enclave, & que c'est par Wissant que cette partie releve du Roi, comme l'autre en releve par le Comté de Guines.

Voyons maintenant par quelles autorités M. de Fontanieu pere, & M. le Procureur Général qu'il faisoit venir à son secours, avoient combattu ces preuves. Et observons d'abord, qu'avant d'entreprendre la preuve contraire, il eût fallu anéantir les titres des héritiers Géneau & consorts, parce qu'y ayant des titres positifs qui prouvent que Fiennes est mouvant par Wissant, tant que ces titres subsisteront, il ne peut pas y en avoir qui prouvent le contraire.

La premiere de ces pieces est une copie collationnée par deux Notaires de Paris, d'un extrait tiré par deux Notaires de Marquise, d'un regiftre relié en veau, contenant 375 feuillets, qui est un Livre domestique dont on connoît la qualité par cette note mise en marge : *J'ai fait faire cette copie des choses dépendantes de ma Terre de Fiennes en cotterie, laquelle contient 375 feuillets, & je l'ai fait faire pour servir aux Receveurs & Fermiers d'icelle Terre.* Signé , *Dominique de Vic , Archevêque d'Auch* , & daté du premier Mai 1632. Telle est la piece qu'on a osé produire sérieusement en Justice, & opposer aux autorités des Défendeurs. Mais quel avantage a-t-on voulu tirer de cette pièce extraordinaire ? Celui de dire qu'on y énonçoit des Fiefs & Seigneuries *tenus du Comté de Boulogne , &* qu'on n'y parloit point de la mouvance de Wissant. On peut faire une foule de réponses à cette frivole objection. 1°. Qu'importe que M. l'Archevêque d'Auch ait ou n'ait pas fait mention de la mouvance de Wissant dans un Livre domestique , dès-lors que mille titres authentiques prouvent l'existence de cette mouvance ? 2°. Ce n'étoit pas l'objet du travail de cet Archevêque , de parler de cette mouvance : il faisoit faire un de ces Livres qu'on appelle *cueilloirs* , destinés à guider les Receveurs du Seigneur dans le recouvrement des revenus : le Seigneur de Fiennes faisoit dresser un état de ce qu'on devoit lui payer , & non pas de ce qu'il devoit à son suferain ; c'est du moins la seule idée qu'on puisse avoir de ce regiftre. 3°. La note marginale qui fert de titre , annonce qu'on faisoit la description des héritages des dépendances de Fiennes *en cotterie ;* ce n'étoit pas à l'occasion de ces Parties qu'il y avoit lieu de parler de la mouvance de Wissant. 4°. L'énonciation que le Seigneur de Fiennes croit des Fiefs & des Seigneuries *tenus du Comté de Boulogne* , n'a rien de contraire à la mouvance de Wiffant. Dans tous les titres qu'on a rapportés à l'appui de cette mouvance, la déclaration qu'on y trouve que les Fiefs font tenus ou mouvans du Roi, eft fynonyme de celle qu'ils foient tenus du Comté de Boulogne; mais c'eft par tel ou tel Bailliage, qu'ils font mouvans. On dira que cette déclaration particuliere n'eft pas dans ce regiftre; chofe indifférente: fi elle y étoit, ce ne feroit pas par elle qu'on prouveroit la mouvance; elle eft prouvée par les titres, qui font les Juges de la queftion. Refte que le filence du regiftre ne la contredit pas, & que par conféquent cette piece inadmiffible, étant même admife, ne prouveroit rien pour le fieur de Fontanieu.

La feconde eft un compte rendu en 1441, par Martin Cornille, au Comte de Saint-Pol, dans lequel on a énoncé dans l'article 9 les droitures, quint-denier & autres droits feigneuriaux de la Terre de Fiennes *tenue du Comté de Boulenois.*

On a produit de ce compte une copie collationnée infuffifante; ce n'étoit pas une piece nouvelle, mais une de celles employées par les Fermiers de Boulogne, dans l'Arrêt de 1745, dont M. le Procureur Général avoit reconnu lui-même l'infuffifance. Cette piece qui, par cette circonftance, ne méritoit aucune attention, eft d'une abfolue neutralité, ainfi que la précédente: elle dit que Fiennes étoit tenu du Comté de Boulenois, comme le difent tous les titres que produifent les Défendeurs, & qui ajoutent que c'eſt par le Bailliage de Wiſſant & par le Comté de Guines.

La troiſieme piece eſt un autre compte de 1459, qui eſt écarté par les mêmes obſervations que le précédent ; la copie n'en eſt pas plus authentique, & il avoit été produit dans l'inſtance de 1747. L'article 2, qui fait l'énumération de la Terre de Fiennes & des hommages qui en dépendent, les place dans le Bailliage de Wiſſant. On peut dire qu'il en réſulte une préſomption que ces parties compriſes dans ce Bailliage, ſont auſſi dans ſa mouvance. Cette préſomption ne s'éleve pas, à la vérité, juſqu'à une preuve de la mouvance, on en convient ; mais cette preuve ſe trouve ailleurs, & il eſt certain au moins que la piece dont il eſt queſtion ne la contredit pas ; & il n'en faut pas davantage.

La quatrieme piece eſt un prétendu état des Fiefs relevans du Comité de Boulogne, qu'on dit avoir été fait pour ſervir à l'échange du Comté avec la Jugerie de Lauragais. C'eſt un écrit informe, ſans ſignature & ſans aucun caractere d'authenticité : on peut dire que c'eſt une moquerie de préſenter en Juſtice de telles pieces, de s'en fonder pour combattre une foule de titres authentiques, & pour renverſer trois Arrêts ſolemnels qui les ont conſacrés. Cette piece indigne des regards des Juges, ne prouve rien contre la mouvance de Wiſſant : on y voit en titre au fol. 1 verſo, *Fiefs tenus noblement de la Sénéchauſſée de Boulenois ; &* enſuite, *M. de*

Fiennes,

Fiennes, plusieurs Fiefs. Donc, en conclut-on, Fiennes est une des Terres tenues noblement de la Sénéchauffée ou du Comté de Boulenois. Qui nie cela? Mais de ce que Fiennes est tenu du Comté de Boulenois, s'enfuit-il qu'il ne foit pas tenu *par le Bailliage de Wiffant ?* Non, fans doute, on a donné vingt fois la preuve de l'accord de ces deux mouvances; on la trouveroit, s'il falloit, dans cette piece même : au fol. 2 verfo, on lit en titre, *Fiefs & hommages du Bailliage de Wiffant ;* & fous ce titre est placé, *M. de Fiennes ;* qu'on ajoute, *qu'il n'a pas donné de déclaration.* Ainfi l'énoncé général du fol. premier fe rapporte à la mouvance indéfinie du Comté, & celui du fol. fecond à la mouvance particuliere, ou *de moyen,* par les Bailliages où font fituées les Terres.

La cinquieme piece est une eftimation ou prifée du Comté de Boulogne faite par Jouvelin, & qu'on a produit par une copie collationnée par des Notaires, fur l'extrait expédié de la Chambre des Comptes ; c'est cet extrait qu'il falloit produire. L'induction qu'on a tirée de cette piece est prife d'un titre qu'on trouve, dit-on, au fol. 11 recto : *là prifée faite d'un aide que ceux qui tiennent les Baronnies, Pairies & Fiefs nuement de ladite Comté de Boulogne, tant à caufe de la Sénéchauffée, que des Bailliages d'icelle, font tenus de payer.......* Après le détail des Baronnies & Pairies qu'on a mis enfuite du titre, on ajoute, *qu'à caufe de la Séné-*

H

chauſſée ſont tenues onze Baronnies, quatre Pairies & dix-huit Fiefs, en ce compris deux Fiefs appar-tenans au Seigneur de Fiennes. C'eſt d'après cette énonciation, que le ſieur de Fontanieu forgea une mouvance imaginaire par la Sénéchauſſée dont il faiſoit le chef-lieu du Comté, & prétendit que le Seigneur de Fiennes relevoit par ce chef-lieu, puiſ-que la priſée comprenoit ſes deux Fiefs, dans les dix huit qui étoient dans cette mouvance, avec les onze Baronnies & les quatre Pairies. Il n'a pas fallu ſortir de la piece même, pour convaincre le ſieur de Fontanieu de l'abus qu'il faiſoit de cette énon-ciation.

Premierement, le ſieur Jouvelin n'étoit pas chargé de faire un terrier, une deſcription des mouvances; cet objet qui n'entroit pas dans ſa miſſion, a pu être négligé ſans conſéquence; ſa tâche ſe bornoit à faire une eſtimation de la valeur du Comté, pour ſervir à l'échange qu'on devoit en faire avec la Jugerie de Lauragais.

Le ſieur Jouvelin s'eſt mal exprimé ſans doute, quand il a dit qu'il faiſoit la priſée *d'un aide que ceux qui tenoient les Baronnies, Pairies & Fiefs, étoient tenus de payer....* Il ne faut que ces expreſ-ſions étranges, pour faire voir que ce Priſeur n'a-voit pas ſeulement l'idée d'une opération féodale, & qu'on auroit pu croire qu'il faiſoit un rolle d'im-pôts ou de contributions. Il s'eſt également mal ex-primé, quand il a dit qu'on tenoit les Baronnies, Pairies & Fiefs *nuement de ladite Comté de Bou-*

logne ; *tant à cause de la Sénéchauffée , que des Bailliages d'icelle.* Mais il est manifeste que par cette énonciation, il a entendu parler du Comté en parlant de la Sénéchauffée, & que ce n'est que des Bailliages seulement qu'il a voulu dire qu'ils étoient les moyens par lesquels les Fiefs relevoient. On a la preuve de ceci au même fol. 11 verso de la même piece, dans lequel, à la suite de cette énonciation de mouvance, *tant à cause de la Sénéchauffée, que des Bailliages*, le Priseur reprend successivement & séparément les huit Bailliages du Comté, en plaçant sous chacun les Fiefs qui en sont tenus, en ces termes : *Fiefs tenus du Bailliage de Boulogne....* *Fiefs tenus du Bailliage de Wissant.* Il est vrai que dans la description du Bailliage de Wissant, il ne nomme pas les Fiefs, disant seulement *qu'à cause de ce Bailliage, il y a vingt-cinq personnes tenans Fiefs*, dont il ajoute que le papier qui lui a été remis ne fait aucune mention, non-plus que des reliefs qu'il estime néanmoins à sa maniere, sans les connoître. Le sieur de Fontanieu prend avantage de ce silence, pour soutenir que le Seigneur de Fiennes n'est point du nombre des vingt-cinq vassaux qui tiennent des Fiefs par Wissant, ce qu'il appuie encore de cette partie de l'énonciation du Priseur, qui dit que dans les dix-huit Fiefs relevans à cause de la Sénéchauffée, sont compris les deux du Seigneur de Fiennes. Mais le sieur de Fontanieu sçait bien que d'autres états faits expressément pour reconnoître

les mouvances de chaque Bailliage , mettent le Seigneur de Fiennes au nombre de ces vingt-cinq
vaffaux compris dans l'enclave de Wiffant : tel eft
l'extrait de l'état délivré par le fieur Freteau, Infpecteur général des Domaines , qui contient les noms
des Poffeffeurs des vingt-cinq Fiefs du Bailliage de
Wiffant, à la tête defquels eft le Seigneur de Fiennes ; état appuyé par l'acte d'échange dont on a
déjà parlé , & par tant d'autres monumens non
moins authentiques , qui placent uniformement le
même Seigneur de Fiennes dans le Bailliage de
Wiffant. D'un autre côté , le même Infpecteur a
donné fon certificat fur une copie de la prifée dont
nous parlons, de laquelle il étoit dépofitaire en cette
qualité , par lequel il attefte qu'il faut lire M. de
Frennes , au lieu de M. de Fiennes : ainfi ces deux
prétendus Fiefs compris dans les dix-huit mouvans
par la Sénéchauffée , n'intérefferont plus les Parties ,
s'il faut les attribuer à un Seigneur d'un autre nom.
Il y a encore une obfervation importante à faire à
l'appui de cette erreur de noms , atteftée par le fieur
Freteau ; c'eft que le Prifeur a porté à dix livres le
relief de ces deux Fiefs , tandis qu'il eft certain &
reconnu que le relief des Fiefs du Seigneur de Fiennes n'eft que de cent fous. Il y a plus encore , c'eft
que cette erreur, qui feroit groffiere , ne peut pas
être attribuée au fieur Jouvelin, qui, au fol. 2 verfo ,
avoit porté *les Fiefs & hommages du Bailliage de
Wiffant ;* qui y avoit placé enfuite *M. de Fiennes ,*
& qui ne portoit pas au-deffus de cent fous le relief

des vingt-cinq Fiefs du Bailliage de Wiſſant.

En un mot, la Sénéchauſſée n'a pas un territoire divis, diſtinct & circonſcrit, & ne peut pas être priſe pour un chef-lieu. Ce chef-lieu ſeroit à Boulogne ſans doute, comme ſiege de la Sénéchauſſée ; mais il eſt prouvé que les Terres mouvantes de Boulogne, ce qui eſt propre ſeulement à celles qui ſont ſituées dans ſon enclave, relevent par le Bailliage de Boulogne ou par le Château, ce qui eſt la même choſe. Ainſi les Fiefs de la dame de Boura, dans la Sentence de la Sénéchauſſée du 26 Septembre 1594, ſont mouvans du Roi *à cauſe de ſes Châteaux de Boulogne & d'Etaples*. Dans les actes des 21 Mars 1596, & 19 Juin 1597, les Seigneuries de Belleclufe & de la Poterie ſont mouvantes du Roi *à cauſe de ſon Château & Bailliage de Boulogne*. Dans la foi du 29 Décembre 1675, les Seigneuries de la Pature & de Londefort ſont *relevantes du Roi à cauſe de ſa Châtellenie de Boulogne*. Dans l'hommage du 22 Février 1702, la Seigneurie de Beringhen releve du Roi *à cauſe de ſon Bailliage de Boulogne*. Dans la foi du 10 Septembre 1656, le Duché de Bournonville eſt mouvant du Roi *à cauſe de ſon Château de Boulogne*. Dans l'hommage du 29 Décembre 1675, la Baronnie de Courret & les Seigneuries de la Pature & de Londefort, relevent du Roi *à cauſe de ſes Chatellenies de Boulogne & de de Surennes.* Dans la Sentence du 14 Novembre 1594, la Terre de Fiennes & Fiefs y annexés, ſont mouvans du Roi *à cauſe des Bailliages de Boulogne, de*

Wiffant & de de Surennes. Partout où Boulogne a
une mouvance, elle eft propre au Bailliage, & le
Bailliage exclut la Sénéchauffée. N'eft-il pas évi-
dent, d'après cela, que cette mouvance, par la
Sénéchauffée, eft un être de raifon qui implique
répugnance ? Enfin, on a la preuve précife de la
mouvance par les Bailliages ; & malgré le laps de
temps qui s'eft écoulé depuis 1477, & dans le cours
duquel il eft arrivé un grand nombre de mutations,
le fieur de Fontanieu a été dans l'impoffibilité de
rapporter un feul acte de foi & hommage rendu à
la Sénéchauffée. On a relevé plufieurs autres erreurs
ou inconféquences dans la prifée du fieur Jouvelin,
de laquelle il fuffit d'avoir démontré que fes énonciations prifes à la rigueur n'ont point d'incompatibilité avec la mouvance par les Bailliages, fi clairement établie par une foule de bons titres ; & qu'au
befoin même la prifée elle-même la prouveroit,
parce qu'enfin ces termes du fol. 2, *Fiefs & hom-*
mages du bailliage de Wiffant.... M. de Frennes,
font pofitifs, & déterminent le fens incertain de
tout ce qu'il peut y avoir de vague & d'obfcur dans
le refte de la piece.

La fixieme eft un prétendu dénombrement fourni
le 29 Juillet 1521, par Jacques de Luxembourg.
C'eft une copie collationnée par Notaires, *tant fur*
le dénombrement en papier, qu'à caufe du premier
feuillet qui manque, fur une copie d'icelui auffi très-
ancienne. Ainfi l'on a repréfenté aux Notaires, un
papier mutilé dont le premier feuillet étoit enlevé,

& qu'ils ont fuppléé par une autre copie : mais qu'eſt-ce que c'eſt que ce papier dont la premiere feuille eſt enlevée ? Il n'y a qu'à entendre les Notaires qui en ont fait l'extrait : *de l'aveu & dénombrement dont l'intitulé ſera mis ci-après , dont l'écriture par ſon caractere gothique annonce l'ancienneté, & qu'il a été fait & écrit dans le tems de ſa date qui eſt du 29 Juillet 1521, quoiqu'il ne ſoit point revêtu de ſignature, on a extrait ce qui ſuit.* Ajoutons, pour achever de faire connoître le caractere de cette piece ſinguliere, qu'à la ſuite de la copie qu'on en a produit, on trouve un certificat de Gilles Foulques, foi-difant Greffier de la Châtellenie de Fiennes, qui atteſte que le double du dénombrement a été donné & écrit au net par les Officiers de la Châtellenie, au ſieur de la Fayette, nommé alors pour recevoir les dénombremens. Ce Foulques érigé en certificateur, n'a marqué ni le jour, ni le mois, ni l'année de ce bizarre certificat ; & c'eſt par une atteſtation de cette eſpece qu'on a prétendu qu'un Seigneur pouvoit accréditer un dénombrement qu'on reconnoit n'avoir jamais été ſigné.

La ſeptieme piece eſt de la même ſingularité : c'eſt une copie d'un autre prétendu aveu de la terre de Fiennes attribué à Françoiſe de Luxembourg : celui-ci eſt ſans ſignature & ſans date de jour, de mois & d'année : un ſieur Dupons, Bailli de Fiennes, a écrit au bas de la copie qu'on pouvoit mettre l'époque vers l'an 1546 , mais on a récrit par-

deſſus 1551, & cela ſans aucun motif de préférer
une époque à l'autre. Ces deux aveux avoient été
employés par la dame de Valençay lors de la ventilation commencée en exécution de l'Arrêt de
1745 ; ils étoient en parchemin, ſans ſignature ni
date : on a préféré depuis d'en remettre des copies
à Monſieur le Procureur Général qui les produiſit
dans l'état qu'on vient de détailler. On demande ſi
jamais avant le ſieur de Fontanieu, quelqu'un avoit
imaginé d'expoſer de telles pieces aux regards de
la juſtice, & de fonder ſur des copies de cette
eſpece, un procès auſſi ſérieux que celui qu'il fait
eſſuyer aux Défendeurs ?

La huitieme piece qu'on avoit produit à l'appui
de la précédente, étoit un extrait de deux comptes
de 1566 & 1572, dans leſquels on prétend que le
Receveur a porté les droits & prééminences déclarés
dans les aveux de 1521 & de 1551. Cette piece eſt
une copie collationnée ſur autres copies en papier,
d'extraits repréſentés & à l'inſtant rendus. Voila des
pieces bien autentiques ! La collation paroît avoir
été faite par des Notaires de Marquiſe, ſur des Regiſtres repréſentés par le ſieur Puylata, Agent du
ſieur de Fontanieu. Quels ſont ces Regiſtres ? Et
quelle créance méritent de tels livres domeſtiques
ſur leſquels un Seigneur fait écrire tout ce qu'il
veut ? Les a t-on jamais placés au rang des titres ?
En a-t-on jamais fait une preuve recevable ?

Que prouveroient au ſurplus ces deux aveux, &
les comptes dont on cherche à les étayer, que

Fiennes

Fiennes *relevoit nuement du Comté de Boulogne* ;
c'eſt là toute la preuve qu'on en tiroit : mais on ne
l'a pas conteſté, & l'on a prouvé de mille manieres,
que relever par les Bailliages, c'étoit relever nuement du Comté, parce que les Bailliages n'étoient
pas des Vaſſaux, mais des membres du Comté.

Le ſieur de Fontanieu s'aide au Conſeil d'une
nouvelle piece qui eſt l'extrait d'un Regiſtre de la
Sénéchauſſée de Boulogne, du 25 Avril 1553,
contenant la déclaration des fiefs de ce Comté, &
d'une Lettre certifiée véritable, dont il voudroit
faire réſulter que le Marquiſat de Fiennes ne doit
aucuns droits pour raiſon de ſa mouvance du Bailliage de Wiſſant. Le Regiſtre porte à la page 10,
autres Fiefs tenus nuement dudit Comté, & enſuite,
*la Châtellenie de Fiennes que tient à préſent Fran-
çois de Luxembourg.* Voila, dit le ſieur de Fontanieu,
une preuve préciſe que Fiennes releve nuement du
Comté ! D'accord ; mais c'eſt par Wiſſant qu'il
releve. En veut-on voir la preuve dans le même Regiſtre ? Là voici au folio 37 ; *Fiefs du Bailliage de
Wiſſant qui furent au Seigneur de Fiennes*, & après
ce titre, *les Fiefs qui ſont unis à la Châtellenie de
Fiennes, qui conſiſte en quatorʒe Paroiſſes.* Qu'y
a-t-il donc à remarquer dans cette piece qu'on peut
plus raiſonnablement oppoſer au ſieur de Fontanieu,
qu'un accord conſtant entre la mouvance indéfinie
du Comté de Boulogne & la mouvance particuliere
par les Bailliages ?

La Lettre du Roi François premier, écrite au

fieur de la Fayette , Gouverneur du Boulonois , ne contient qu'un ordre de fufpendre en faveur du Seigneur de Fiennes , Gouverneur de Flandre & d'Artois , la prohibition qui exiftoit à l'égard de toutes les Terres du Boulonois , de faire fortir du Comté , des grains & autres denrées de fubfiftance , comme d'exempter pour cette fois fes Habitants de Fiennes de leur part , aux contributions que le Roi faifoit lever pour fournir à la dépenfe des fortifications de Boulogne. Or, quel trait a tout cela à la queftion de la mouvance , qui eft le feul point dont il s'agit ?

Quant à ces prétendus droits exceffifs que le fieur de Fontanieu dit qu'il a dans la Ville de Wiffant , à caufe de fon Marquifat de Fiennes , & qu'il voudroit établir par ces chiffons de papier qu'il appelle les dénombremens de 1521 & 1551, il eft indifférent aux héritiers Geneau & le Greffier , d'approfondir combien peu de foi méritent ces pieces informes , parce qu'elles font abfolument étrangeres à la queftion , & que les inductions éloignées qu'on en pourroit tirer feroient plus contraires que favorables au fyftême du fieur de Fontanieu. En effet, ces droits exhorbitans que le Seigneur de Fiennes auroit dans Wiffant , loin d'être incompatibles avec la dépendance de Vaffal , comme le prétend le fieur de Fontanieu , fembleroit bien plutôt fuppofer néceffairement cette dépendance , ou à vrai dire, il la fuppoferoit abfolument: & cela fe démontre. Le Seigneur de Fiennes a , dit-on, des droits exhorbitans dans Wiſſant; mais tout grands qu'ils ſont, ce ſont des droits ſinguliers, ce ne ſont pas les droits ſeigneuriaux, du moins en totalité; il y a à Wiſſant un autre Seigneur que celui de Fiennes, & qui en eſt le Suzerain; c'eſt donc de lui que le Seigneur de Fiennes tient ces droits, & leur aſſiette même eſt une indice de celle de la mouvance, en fixant la relation néceſſaire & locale du Suzerain au Vaſſal; & que le ſieur de Fontanieu ne diſe pas qu'il n'y a point de Suzerain propre de Wiſſant; parce qu'il ſuffit en effet que le Comte de Boulogne ſoit Suzerain à Wiſſant, comme il l'eſt à Boulogne même, & dans chacun des autres Bailliages; & que ſuppoſant Wiſfant ſéparé des autres membres du Comté, il emporteroit avec lui la portion de Suzeraineté concurrente à la continence de ſon enclave: & delà vient que lorſque le Roi a engagé ce membre du Boulonois, il a dit qu'il engageoit *la Seigneurie de Wiſſant* avec tous les droits qui en dépendent.

On ne voit pas quel avantage a pu tirer & peut tirer encore le ſieur de Fontanieu, des Lettres Patentes par leſquelles la Terre de Fiennes a été érigée en 1643, en Marquiſat. Les Lettres n'ont rien changé à la mouvance: elles atteſtent que Fiennes relevoit du Comté de Boulogne; c'eſt un point dont on eſt convenu cent fois, comme on a prouvé cent fois que c'eſt par le Bailliage de Wiſſant qu'elle relevoit: toutes choſes ſont dans le même état qu'auparavant, & elles doivent l'être, au temps même des Lettres

qui ont ſtatué que les Seigneurs de Fiennes conti-
nueroient d'acquiter les mêmes devoirs & droits
qu'avant l'érection.

A cette reſerve, ſe reporte la foi & hommage
faite au Bureau d'Amiens en 1682, dans l'Acte duquel on a déclaré que cette Chatellenie, érigée en
Marquiſat, avec les Fiefs qui y ont été réunis à cette
occaſion, relevoit du Roi, *en partie à cauſe du
Comté de Guines, & partie à cauſe du Bailliage de
Wiſſant.* La Sentence qui a reçu le relief, dit plus
encore; elle énonce que le Comte de Valençay
rapportoit *des reliefs antérieurs*, auxquels on ne peut
pas douter qu'on ne ſe ſoit conformé pour celui qu'on
fourniſſoit alors. Faut il repondre à l'autre objection
que fait le ſieur de Fontanïeu, ſur ce que le Roi
s'étant réſervé les droits ſur Fiennes, eſt cenſé ſe les
être réſervés privativement, c'eſt-à-dire à l'excluſion
de l'Engagiſte? le ſieur de Fontanïeu ne peut pas avoir
fait ſérieuſement une telle objection: il ne peut pas
ignorer que la reſerve n'auroit d'application contre
l'Engagiſte qu'autant qu'elle ſeroit faite avec lui, car
alors elle ſeroit faite contre lui; ce ſeroit une reſtric-
tion à l'engagement. Lorſque le Roi fait au contraire
avec des tiers des reſerves des droits relatifs à ſes
Domaines, Sa Majeſté, en faiſant la reſerve pour elle,
la fait pour ſon Engagiſte comme pour ſon Fermier:
ce qui eſt ſi vrai, que le feu Roi croyant qu'on avoit
fait, à cet égard, la condition des Engagiſtes trop
avantageuſe au préjudice de l'Etat, retira de leurs
mains en 1771, les droits caſuels des Domaines en-

gagés, comme on le fera remarquer encore plus bas, pour fermer doublement la bouche au sieur de Fontanieu, sur le bruit qu'il fait du prétendu intérêt de Sa Majesté.

M. le Procureur Général avoir produit encore pour défense de la prétention du sieur de Fontanieu, un extrait du Bureau des Finances d'Amiens de trois actes de relief des années 1682, 1685 & 1692 : sur le premier & le second, il paroissoit que Bertrand de Montbeton Chatelain de Longuilliers avoit été reçu en 1682, au relief pour cette Chatellenie tenue du Roi *à cause de son Comté de Boulogne*, & Antoine de Montbeton au relief de la même Terre sous la même mouvance. On avoit opposé à ces reliefs les Lettres Patentes du 26 Juillet 1651, par lesquelles Diane de la Coste avoit été reçue à la foi & hommage de *la Chatellenie de Longuilliers, mouvante du Roi à cause de son Bailliage d'Etaples.*

On présentoit une difficulté plus grande encore contre le prétendu relief du 6 Juillet 1685, rendu par Ant. de Montbeton pour la même Chatellenie *tenue du Roi à cause de son Comté*; c'étoit l'extrait tiré de la Chambre des Comptes, de l'acte de foi & hommage fait le 9 Août de la même année 1685, entre les mains de M. le Chancelier, par ce même Antoine de Montbeton, pour la même Châtellenie de Longuilliers déclarée mouvante du Roi *à cause de son Bailliage d'Etaples.*

On faisoit remarquer une contradiction frappante entre les Actes de cet extrait: celui du 5 Août 1682, portoit la Chatellenie de Longuilliers, la Seigneurie de Marquiſe & le Fief de la partie de la dîme de Maninghen , *tenus du Roi à cauſe de ſon Comté de Boulogne* : & par un autre Acte qui eſt à la ſuite de celui du *6* Juillet 1685 , on voyoit qu'Antoine de Montbeton avoit été reçu au relief de la Seigneurie de Marquiſe & du Fief de la dîme de Maninghen tenus du Roi à cauſe de *ſon Chateau & Baillage de Boulogne.*

Par un autre acte, le dernier de cet extrait, Gabriel de Maulde paroiſſoit avoir été reçu au relief de la Baronnie de Colemberg, *mouvante du Roi à cauſe de ſon Comté de Boulogne.* On oppoſoit à celui-ci les Lettres-Patentes du 4 Mars 1558, qui accordoient à Pierre de Maulde la jouiſſance de ſa Baronnie de Colemberg, *attendu qu'il avoit fait la foi de cette Baronnie mouvante du Roi à cauſe de ſon Château de Surennes* & de la Seigneurie de la Coudette, mouvante du Roi *à cauſe du Bailliage de Choquel.* D'après ces obſervations, il falloit , ou déſavouer l'extrait, ou convenir que dans le langage des titres produits de part & d'autre, relever par les Bailliages étoit la même choſe que relever par le Comté. Ces difficultés capables d'embarraſſer le fieur de Fontanieu, lui ont fait ſentir ſans doute qu'il avoit produit des pieces contraires à ſa prétention. Il paroît qu'il n'en fait plus uſage ; mais il étoit eſſentiel de les faire connoître.

Le fieur de Fontanieu paroît encore abandonner l'Arrêt du Parlement de 1718, qu'il avoit adminiſtré à M. le Procureur Général, comme une piece capable d'établir la prétention du Roi fur tous les droits feigneuriaux échus dans le Comté de Boulogne. La dame de Mouchy d'Hocquincourt, veuve du Marquis de Feuquieres, avoit vendu en 1714 le Fief de la Bourrerie, qui formoit le domaine de la Châtellenie de Befle. Le Fermier de la Châtellenie de Befle demandoit les droits feigneuriaux auxquels l'aliénation avoit donné lieu ; le Fermier du Comté de Boulogne les demanda de fon côté, & ils lui furent adjugés par l'Arrêt. La juftice de cet Arrêt faute aux yeux, comme le ridicule de la prétention du Fermier de Befle, qui confondoit la mouvance du Seigneur de Befle fur fes Vaffaux avec celle du Roi fur la Seigneurie de Befle. Si quelque Vaffal de Befle avoit aliéné, les droits de l'aliénation auroient appartenu au Seigneur de Befle comme fuzerain ; mais le Seigneur faifant l'aliénation d'une partie de fon Fief, les droits appartenoient au Roi comme fuzerain de Befle. Il n'y avoit pas là de combat entre la Recette générale du Comté & celle du Bailliage, par lequel relevoit la Châtellenie de Befle : l'Arrêt n'avoit par conféquent aucun rapport avec la conteftation actuelle.

Le fieur de Fontanieu avoit produit encore un certificat du Commis du Receveur de Boulogne, qui atteftoit que Jacques d'Eftampes s'étoit préfenté en 1734 pour acquitter les droits de relief & chambellage de la Terre de Fiennes, dont le Commis le déchargeoit, à caufe de fa qualité de Chevalier des Ordres du Roi ; & à l'appui du certificat, une lettre miſſive qui portoit que le ſieur d'Eſtampes devoit faire la foi & hommage entre les mains de M. le Chancelier.

Les héritiers Geneau & conſorts avoient marqué quelque étonnement de ce qu'on prétendit oppoſer à l'autorité de deux Arrêts du Parlement, & à une multitude de pieces authentiques, une lettre & un certificat ſous ſignature privée, dont rien même ne garantiſſoit la réalité. Ils obſervoient enſuite que le contenu en ces deux pieces ne prouvoit rien contre la mouvance de Wiſſant qui faiſoit l'objet du procès. La lettre marquoit que l'hommage devoit être rendu entre les mains de M. le Chancelier, ce qui n'étoit ni conteſté ni relatif à la queſtion pendante, & ſe rapportoit ſeulement à l'Ordonnance de 1566, qui interdit aux Engagiſtes la réception des hommages, ſans toucher à leur droit ſur les profits qui y ſont attachés. La déclaration du Commis touchant la décharge des droits pouvoit ſe rapporter à ceux qui appartenoient au Roi pour les portions du Marquiſat de Fiennes mouvantes du Comté de Guines ; & elle devoit garder le ſilence ſur les parties relatives au Bailliage de Wiſſant, qui étoit hors des mains du Roi & en celles de l'Engagiſte.

Le ſieur de Fontanieu objeƈtoit qu'il ne paroiſſoit pas que le ſieur Patras de Compagno, Engagiſte, ſe fût pourvu pour le recouvrement de ces droits, ni qu'il en eût été payé : à quoi l'on répondoit que cela étoit indifférent, parce que cet Engagiſte pouvoit avoir été payé ſans recourir aux pourſuites ; qu'il

étoit

étoit même indifférent qu'il se fût fait payer ou non, n'étant pas question entre les Parties de ce qu'avoit fait l'Engagiste, mais de ce qu'il avoit eu droit de faire.

Que résulte-t-il de cette discussion étendue des autorités du sieur de Fontanieu, sinon qu'il a prouvé un point qu'on ne lui contestoit pas, qui est la mouvance du Comté de Boulogne? mais qu'il n'a pas représenté une seule piece, authentique ou informe, qui démente la mouvance particuliere par les Bailliages, dont les héritiers Geneau & consorts ont fait la preuve positive la plus complette. Tel est en effet l'accord de toutes ces pieces, que, dans la plûpart de celles qu'a produites le sieur de Fontanieu, la mouvance singuliere par les Baïlliages se trouve établie à côté de la mouvance indéfinie du Comté; comme, par exmple, dans la prisée du sieur Jouvelin, qui, après avoir d'abord établi la mouvance générale du Comté ou Sénéchauffée, énonce ensuite en détail la mouvance particuliere des Bailliages, dont il fait autant de chapitres séparés, en cette forme : Fiefs tenus du Bailliage de Boulogne. *A cause dudit Bailliage sont tenus cinquante-huit Fiefs.*

Fiefs tenus du Baillage d'Outreau : à cause dudit Bailliage, sont tenus dix-sept Fiefs.

Fiefs tenus du Baillage de Wissant : à cause dudit Bailliage, il y a vingt-cinq personnes tenans Fiefs &c.

Tout l'avantage qu'a pu prendre le sieur de Fontanieu de quelques autres de ces pieces, c'eſt qu'elles n'ont parlé que de la mouvance indéfinie du Comté; avantage qui eſt bientôt enlevé par quelque piece corrélative qui énonce la mouvance particuliere des Baillages : ainſi l'hommage de Jacques d'Etampes, fait entre les mains de M. le Chancelier en 1693 , énonce la Terre de Fiennes comme mouvante *de Comté de Boulogne* indéfiniment , & la Sentence de reliefs du 27 Avril 1693, énonce plus en détail la même mouvance, *partie à cauſe du Baillage de Wiſſant.* En un mot, tous les titres des Défendeurs prouve *in terminis*, la mouvance par les Baillages & nommément celle de Fiennes par Wiſſant ; quelques-unes des pieces produites par le ſieur de Fontanieu prouvent la même choſe, & parmi celles qui n'en parlent pas, il n'y en a pas une qui le contrediſe.

D'après cela, il pourroit être inutile d'examiner avec le ſieur de Fontanieu, ſi cette mouvance telle qu'elle eſt établie par les titres & par la poſſeſſion, eſt, ou n'eſt pas profitable au Domaine de la Couronne, parce qu'il ſuffit en effet que le droit ſoit établi, pour qu'il doive être maintenu, & que ce n'eſt pas la coutume de nos Rois & de leur Conſeil, d'accommoder les droits individuels des Sujets à l'intérêt du Domaine, de dépouiller les premiers pour enfler le tréſor du dernier : mais dans l'exacte vérité, tout ce que le ſieur de Fontanieu dit à ce ſujet, eſt une déclamation très frivole. Les fiefs de dignité & les Vaſſaux qui les poſſedent ſont &

doivent être dans la main du Roi, parce que c'eſt du Roi qu'ils tiennent ce caractere & que c'eſt de lui ſeul qu'ils peuvent le tenir : l'émanation détermine la Suzeraineté ; & ce que le ſieur de Fontanieu appelle l'intérêt de la Couronne , eſt un ordre fondé ſur la nature des choſes. Quant à ce qu'il appelle l'intérêt de l'état , & le motif de ſureté qui exige, ſelon lui, que les grands Vaſſaux relevent nuement du Roi, pour être maintenus plus fortement ſous ſon obéiſſance , il ſembleroit que nous ſommes au temps où Joinville refuſoit de prêter le ſerment au Roi Saint Louis, parce qu'il l'avoit fait à ſon Seigneur qu'il appelloit *Monſeigneur* de préférence , & donnant un titre inférieur au Roi ; à quoi bon d'ailleurs ces déclamations politiques dans une affaire où il n'eſt pas queſtion de la mouvance du Roi ; dans laquelle toutes les parties conviennent que le Marquiſat de Fiennes releve de Sa Majeſté , & que ſi le Baillage de Wiſſant par lequel il releve avoit été aliéné ou venoit à l'être, Fiennes ſeroit diſtrait néceſſairement de cette mouvance, pour ne pas tomber en mains d'un autre Seigneur ? Mais Wiſſant n'eſt pas aliéné ; il eſt entre les mains d'un Engagiſte qui n'eſt qu'Uſufruitier , & qui ne jouit pas même, quoique précairement , de l'honorifique des hommages que l'Ordonnance de 1566 lui interdit : cette circonſtance auroit du toute ſeule empêcher le ſieur de Fontanieu de tomber dans tous les écarts qu'il s'eſt permis, de confondre un engagement avec une aliénation irrévocable , &

de déterrer des idées féodales, heureufement enfe-
velies fous les ruines de ce droit barbare, pour
attirer de la faveur fur une prétention qu'il ne pouvoit étayer d'aucun moyen.

Il en eft de même de l'intérêt fifcal que le fieur
de Fontanieu a préfenté au Confeil, comme une
confidération capable de balancer fa juftice : les
droits Seigneuriaux que prétendent les Défendeurs,
font, dit-il, fort confidérables, il eft de l'intérêt
du Roi de les conferver à fon Domaine, à l'exclufion de l'Engagifte qui l'en fruftreroit ; mais premierement, le Roi n'y gagneroit pas plus de l'une
que de l'autre maniere, foit que le Fermier du Domaine en profitât, ou l'Engagifte qui eft, à cet
égard, un Fermier. En fecond lieu, pour ce qui
eft du cas préfent, l'illufion que veut faire le fieur de
Fontanieu eft d'autant plus fenfible, qu'il ne prétend payer ni au Fermier, ni à l'Engagifte. Mais
il faut laiffer ces raifonnemens frivoles, comme
les objections qui y ont donné lieu : il n'y a
qu'un mot à dire fur cet intérêt du Domaine dont
le fieur de Fontanieu veut fe couvrir. Le Roi jouit
par l'Engagifte, comme il jouit par le Fermier : il
a vendu à l'un & à l'autre la jouiffance, & il en
a reçu le prix, de l'un, par le prix de l'engagement, comme il le reçoit de l'autre par le fermage.
Or, dans cette jouiffance font compris les droits
cafuels ; la preuve en eft dans l'engagement de
wiffant qui le porte en termes exprès ; elle eft encore dans l'Arrêt du Confeil de 1771, par lequel

le feu Roi retira ces droits cafuels des mains des Engagiftes, preuve certaine qu'ils étoient compris dans leurs engagemens.

Ce nouvel arrangement rend indifférente, pour le Domaine, la queftion qu'agite le fieur de Fontanieu, indifférente quant à l'état préfent & à l'avenir, puifque le Domaine jouit de fes droits cafuels dans les parties engagées ; indifférente pour le paffé & nommément pour les cas qui a donné lieu à la conteftation, puifque le fieur de Fontanieu ne veut payer les droits contentieux, ni au Fermier du Domaine ni à l'Engagifte de Wiffant. Mais indifférente ou non, pour ce cas, le Confeil ne s'en occuperoit pas & n'adopteroit pas le fyftême du fieur de Fontanieu qui veut qu'on arrache des mains d'un Fermier les bénéfices trop grands, à fon gré, qu'il auroit pu faire dans des années abondantes.

C'eft là ce qui tient au cœur au fieur de Fontanieu; il ne peut pas fe confoler que fon Fermier ait vu tomber dans une des années de fon bail, un profit cafuel auffi important que celui des droits dûs à caufe de la vente de la Terre de Fiennes. Quelle apparence, s'écrie-t-il dans fa douleur, qu'on ait entendu comprendre dans le bail modique du fieur Geneau de Formanoir, un bénéfice auffi confidérable que celui que formeroient ces droits Seigneuriaux ! mais par malheur pour le fieur de Fontanieu, ces droits y font très expreffement compris ; & tous les efforts impuiffants qu'il fait ne tendent qu'à prouver le regret qu'il en reffent, & le vif defir qu'il auroit de les en diftraire, comme il voudroit diftraire le produit d'une recolte abondante qu'auroit pu donner une fécondité exhuberante; en difant qu'il ne feroit pas naturel de croire qu'on eût entendu abandonner une recolte auffi riche au Fermier. Ce regret n'eft pas fort généreux fans doute , mais il ne fera pas fortune au Confeil.

Ces trois moyens enlevés au fieur de Fontanieu , il fe retranche dans celui du privilége des Maîtres des Requêtes, attendu la qualité de fon pere; mais il ne faut que deux mots pour lui enlever ce dernier moyen.

QUATRIEME MOYEN.

Contravention aux Edits concernant le privilege des Maîtres des Requêtes.

On a dit au fieur de Fontanieu pere que fon privilege n'avoit point d'application au cas de la Terre de Fiennes dont l'engagement avoit précédé l'Edit de 1642 , par lequel le privilege fut établi , avec la claufe qu'il n'auroit lieu qu'à l'égard des Domaines que le Roi poffédoit à cette époque , ou qu'il poffféderoit à l'avenir , par réunion ou autrement. On a été d'accord fur le principe , la feule difficulté oppofée par le fieur de Fontanieu a porté fur la circonftance de la revente du Domaine de Wiffant ordonnée en 1657. Le fieur de Fontanieu a voulu donner à cette revente l'effet d'une réunion ; il a foutenu qu'elle avoit fait rentrer le Roi en la poffeffion du Domaine engagé, que par là ce Domaine s'étoit trouvé dans le cas de l'Edit de 1642, & avoit reçu l'impreſſion du privilege. Voilà l'argument du ſieur de Fontanieu dans toute ſa force, ſur lequel on va trancher en deux mots pour ne pas retomber dans les longueurs qu'ont entrainé les diſcuſſions des autres moyens.

La revente faite en 1657, n'a été qu'une continuation néceſſaire & non interrompue de l'engagement originaire de 1595, qui s'eſt perpétué juſqu'à ce jour. Le nouvel Engagiſte a continué la poſſeſſion de l'ancien, directement, immédiatement; il a pris ſa place ſans milieu, ſans intervalle, il lui a rembourſé le prix de ſon engagement; le Domaine n'eſt point rentré en la poſſeſſion du Roi, il n'a pas été employé dans les Etats, n'eſt pas entré dans ſes recettes; & il faudroit que tout cela fût arrivé, pour qu'on pût dire que le Roi l'a poſſedé, qu'il a été, ſous cette nouvelle poſſeſſion, ſuſceptible de recevoir l'impreſſion du privilege, & que la revente a été un nouvel engagement. Veut-on une preuve certaine que cette revente n'a pas été regardée comme un engagemnt? on la trouve dans les concluſions de M. le Procureur Général dans l'Arrêt de 1745 : ce Magiſtrat y demanda une reſerve de ſe pourvoir au cas que par la ſuite on trouveroit des Titres qui juſtifiaſſent que les droits Seigneuriaux du Baillage de wiſſant, *n'avoient pas été compris dans l'engagement de 1595* : M. le Procureur Général ne s'arrêtoit pas aux reventes, il reconnoiſſoit qu'il n'y avoit eu qu'un ſeul & unique engagement, qui étoit celui de 1595.

On en a donné une autre preuve plus authentique encore ; c'eſt la Déclaration du 19 Juillet 1695, par laquelle le Roi déclara en termes précis, que les Officiers auxquels il avoit accordé l'exemption des droits ſeigneuriaux, ne pourroient en jouir dans l'étendue des domaines qui étoient engagés avant la conceſſion du privilege, *quoique la revente en eût été faite poſtérieurement.* La revente du domaine de Wiſſant, engagé avant la conceſſion du privilege & revendu poſtérieurement à cette conceſſion, n'a donc pas pu faire que Wiſſant reçût l'impreſſion du privilege.

Faut-il remettre ici ſous les yeux du Conſeil l'objection que fait le ſieur de Fontanieu ſur la confuſion prétendue des droits d'engagiſte & d'acquereur, & l'incompatibilité qu'il veut trouver dans la qualité de Fermier, avec l'action d'exiger des droits de ſon Seigneur ? Le ſieur de Fontanieu avoit imprimé au Parlement quatre pages d'autorités, pour prouver que le Seigneur vendant un héritage mouvant de ſon Fief, le Fermier ne peut pas en prendre les droits, ſous prétexte que le Seigneur ne peut pas ſe devoir à lui-même. On a, du côté des Défendeurs, oppoſé les autorités préciſes de d'Argentré, de du Moulin, de Livonnieres, de Brodeau, de Deſpeiſſes & de Tayſand, qui décident *in terminis*, que le Seigneur qui acquiert dans ſon Fief, doit les lods & ventes lorſqu'il les a compris dans ſon bail. Le motif de la déciſion eſt lumineux, & diſſipe tout d'un coup les nuages que les ſophiſmes du ſieur de

Fontanieu pouvoient répandre fur la matiere : le motif eft que, dans ce cas, le Seigneur eft réputé étranger à l'égard de fon Fermier. Cela tranche, en effet, l'objection de la confufion & de l'incompatibilité prétendue qui fe trouve à ce que le Seigneur fe doive à lui-même. Cette confufion fe termine à l'intérêt individuel de l'homme, mais elle ne s'étend pas jufqu'aux actions civiles des qualités différentes qui peuvent réfider dans le même individu. L'acquéreur de Fiennes doit fes droits à l'engagifte de Wiffant ; qu'importe que le même homme foit l'acquéreur qui doit payer & l'engagifte qui doit recevoir ? cette circonftance confond l'intérêt économique individuel, autant qu'une caiffe unique doit payer & recevoir ; mais elle laiffe les actions féparées comme les qualités, du moins féparées en puiffance ; or, ici elles le font de fait, en ce que la qualité d'engagifte eft cédée pour réfider fur la tête d'un autre ; elle eft cédée à prix ; il y a deux caiffes ; celle de l'acquéreur & celle de l'engagifte ; qui eft le fermier (en repréfentation au moins) & qui a payé d'avance la valeur de ces droits, eftimée & comprife dans le prix de fon bail. On n'avoit pas befoin fans doute de ce raifonnement pour faire voir que le fermier exerce ici de plein droit l'action de l'engagifte, & contre l'engagifte même ; mais il falloit le faire pour débrouiller le fophifme par lequel le fieur de Fontanieu avoit entrepris d'obfcurcir cette vérité.

Ce qu'on a obfervé dans l'expofition des faits,

suffit pour écarter l'espece de fin de non-recevoir que préfenté le fieur de Fontanieu, prife de l'inaction du feu fieur Geneau de Formanoir. Ce fermier ne forma point de demande pendant l'inftance de 1744, parce que cette inftance mettoit en queftion fon droit fur les lods & ventes : il ne fit point de réferve dans les paiemens de fermages, parce que fa créance n'étant pas liquide ne pouvoit pas être compenfée avec la dette des fermages exigibles & même par corps. Enfin, la fin de non-recevoir, quand elle le feroit fur le laps de trente années, ne vaut que pour produire la préfomption du paiement : mais le fieur de Fontanieu ne dit pas avoir payé, il contefte au contraire l'obligation de payer; & la chofe étant dans ces termes, toute difcuffion de fin de non-recevoir eft inutile & étrangere.

GRANDE DIRECTION DES FINANCES

Monfieur ~~BAUDOUIN DE GUEMADEUC~~ *de colonia*,

Maître des Requêtes, Rapporteur.

Me DESPAULX, Avocat.

A PARIS, chez KNAPEN, Imprimeur de la Cour des Aides, Pont Saint-Michel. 1777.

www.ingramcontent.com/pod-product-compliance
Lightning Source LLC
LaVergne TN
LVHW021133200726
843510LV00001B/79